우리나라 역사

고조선
우리나라에 세워진 맨 처음 국가였어. 단군 왕검이 세웠단다.

삼국 시대
고구려, 백제, 신라가 서로 힘을 겨루며 국가를 이루고 있었어. 이렇게 세 개의 국가가 있었다고 해서 삼국 시대라고 부른단다. 나중에 신라가 고구려와 백제를 차례로 무너뜨리고 통일을 이루었지. 삼국 통일을 이룬 왕은 신라의 무열왕이었어.

고려
태조 왕건이 삼국을 통일한 신라를 무너뜨리고 세운 국가야. 고구려를 잇는다는 뜻에서 나라 이름을 고려로 정했단다. 고려는 불교를 믿었고, 유학을 중요하게 여겼어.

조선
태조 이성계가 고려를 무너뜨리고 세운 국가야. 조선은 지금의 서울인 한양을 도읍으로 정하고, 태조 이성계부터 제27대 왕이었던 순종까지 519년 동안 계속되다가 1897년 고종이 황제에 오른 뒤 나라 이름을 대한 제국이라고 고쳤단다.

대한 제국

세계의 강대국들이 조선을 위협하자 1897년에 고종은 조선의 이름을 대한이라고 바꾸고 우리나라가 자주독립국임을 국내외에 알렸어. 그러나 1910년에 일본에게 우리나라의 통치권을 빼앗기고 식민지가 되고 말았구나.

일제 강점기

우리나라가 일본에게 통치권을 빼앗긴 후 1945년, 광복을 맞기까지 35년 동안 일본의 지배 아래 있던 시대를 말해. 일제 강점기에도 우리 선조들은 조국의 독립을 위해 목숨을 아끼지 않았단다.

대한민국

1945년에 해방이 되었지만 6·25 전쟁으로 나라가 둘로 나뉘어 지금까지 이어져 오고 있어. 대한민국은 1948년 8월 15일 정부수립과 함께 '대한민국'이라는 이름을 쓰기 시작했고 영토를 한반도와 그에 딸린 섬으로 정하고 대한민국의 통치권이 한반도 전체에 있음을 알렸단다.

거북선 숭례문 등 꼭 알아야 할 우리 대표 문화재

따라 그리며 배우는 한국사

글 박은교

대학에서 경제학을 공부하고 오랫동안 출판사에서 일했습니다. 어린이들이 우리 역사에 관심을 기울이고 흥미를 느낄 수 있도록 역사 관련 글쓰기와 강의를 해왔습니다. 마포청소년수련관에서 어린이들을 대상으로 한국사 강좌를 진행했습니다. 펴낸 책으로는 『조선을 만든 사람들』(공저) 『사기열전』이 있으며 어린이책으로 『세상을 바꾼 여인들』 『우리 역사를 일군 8명의 학자 이야기』 『역사를 간직한 8가지 시조 이야기』 등을 썼습니다.

그림 신명환

대학에서 건축학을 공부했습니다. 졸업 후 건물을 설계하는 것보다 상상력을 설계하고 그림으로 표현하는 것에 더 재미를 느껴 만화가가 되었습니다. 자유롭고 즐거운 만화 세상을 꿈꾸며, 자신의 그림을 보고 더욱 재미있게 책을 읽는 어린이들을 보며 보람을 느낍니다. 2013년 프랑스 앙굴렘 국제만화페스티벌 한국만화기획전 '지지않는 꽃'에 참가해 일본군 위안부 피해자 할머니들의 사연을 세상에 알렸습니다. 『내 친구 쫄리 신부님』 『종이 한 장의 마법, 지도』 『친절한 우리 문화재 학교』 『쌓기나무 널 쓰러뜨리마』 『넌 무슨 동물이니?』 『눈사람 아이스크림』 『만화로 평화 만들기』 등 여러 어린이 책에 그림을 그렸습니다.

거북선 숭례문 등 꼭 알아야 할 우리 대표 문화재

따라 그리며 배우는 한국사

초판 1쇄 2014년 9월 12일
글 박은교
그림 신명환
펴낸이 권경미
펴낸곳 도서출판 책숲
출판등록 제2011-000083호
주소 서울시 용산구 후암동 8
전화 070-8702-3368
팩스 02-318-1125

ⓒ 박은교·신명환

ISBN 978-89-968087-7-0 73900

「이 도서의 국립중앙도서관 출판예정도서목록(CIP)은 서지정보유통지원시스템 홈페이지(http://seoji.nl.go.kr)와 국가자료공동목록시스템(http://www.nl.go.kr/kolisnet)에서 이용하실 수 있습니다.(CIP제어번호: CIP2014024710)」

*책값은 뒤표지에 적혀 있습니다.
*잘못 만든 책은 구입하신 서점에서 바꾸어 드립니다.
*책의 내용과 그림은 저자나 출판사의 서면 동의 없이 마음대로 쓸 수 없습니다.

거북선 숭례문 등 꼭 알아야 할 우리 대표 문화재

따라 그리며 배우는 한국사

글 박은교 · 그림 신명환

책숲

<따라 그리며 배우는 한국사>는 우리 문화재의 모양과 관련된 이야기를 살펴보고

따라 그리면서 한국사에 대해 배우는 책이에요.

재미없게 그냥 외우는 것보다는 손으로 그리고,

이야기를 읽고, 눈으로 감상하면 더 즐거운 역사 배우기가 되겠지요?

이 책은 이렇게 사용하세요!

1 맨 처음부터 차근차근 따라 그려도 되고, 후루룩 넘기면서 마음에 드는 문화재가 있으면 그대로 펼치고 따라 그려도 좋아요.

2 왼쪽의 사진을 꼼꼼히 살펴보면서 오른쪽에 연필이나 볼펜, 색연필, 크레파스 등 마음에 드는 색칠 도구를 이용해 그대로 따라 그리고 색칠도 해 봐요. 이렇게 그리다 보면 관광지에서, 또는 다른 책에서 그냥 보는 것과는 다른 모습의 우리 문화재를 발견할 수 있을 거예요.

3 그림만 그리지 말고, 배꼽 잡는 우리 역사 이야기도 읽고, 퀴즈도 풀어 보아요. 역사 실력이 부쩍 자랄 거예요.

4 다 그린 후에는 부모님과 함께 문화재를 만날 수 있는 곳을 찾아가 보아요. 아마도 문화재가 전보다 훨씬 더 생생하게 느껴질 거예요.

5 끝나고 나니 뭔가 아쉽다고요? 그렇다면 이 책에 등장하지 않은 다른 문화재를 활용해 여러분만의 따라 그리기 책을 만들어 보아요. 친구와 함께하면 더 즐거울 거예요.

6 가위 부분의 점선을 오려 '나만의 역사 상식 수첩'을 만들어 보아요. 신 나는 역사 공부가 될 거예요.

차례

- 첨성대
- 금동 미륵보살 반가 사유상
- 숭례문
- 고려청자
- 석가탑
- 다보탑
- 거북선
- 김홍도의 서당
- 훈민정음
- 고인돌
- 고구려 수렵도
- 백제 금동대향로

- 천마총 금관
- 석굴암
- 성덕 대왕 신종
- 하회탈
- 경복궁 근정전
- 자격루
- 편종
- 수원 화성 공심돈
- 천마도
- 송시열상
- 앙부일구
- 부석사 석등

부석사 무량수전

호패

까치 호랑이

독립문

정몽주 초상

임진왜란 기록도

혼천의

물레방아

인력거

전차

상평통보

신기전과 화차

봉수대

마패

기마인물형 토기

영조정순후가례도감의궤 반차도

오봉일월도

조선통신사 행렬도

전모를 쓴 여인

산수문전

빗살무늬 토기

석수

nswer

① 천마도

천마도는 신라 시대의 무덤인 천마총에서 나온 그림이야.

배꼽 잡는
역사 이야기

고구려 평원왕의 딸 평강 공주는 울보에 고집불통이었어. 생각해 봐. 아무리 예뻐도 울보라면 누가 좋아하겠어? 울어 대는 딸에게 화가 난 왕은 공주가 울기만 하면 이렇게 말했어.
"자꾸 울면 바보 온달에게 시집가게 될 거다!"
온달은 유명한 바보여서 아무도 거들떠보지 않던 사람이었지. 그런데 평강 공주가 정말 바보 온달과 결혼하게 된 거야. 왕의 말이 씨가 된 걸까? 물론 온달은 훗날 늠름한 장수가 되었어.

첨성대

첨성대를 글자 그대로 풀이하면 '별을 관측하는 곳'이란 뜻이야. 신라 선덕 여왕 때 세워졌어. 그때는 농사가 국가의 아주 중요한 일이었기 때문에 별과 달의 움직임을 늘 살펴야 했어. 신라 시대 학자들은 첨성대 안에서 하늘과 천체의 움직임을 살피고 비가 올지, 가뭄이 들지 연구했어. 첨성대는 우리나라의 아름다운 건축물 가운데 하나야.

> 높이가 9미터 17센티미터야.

> 신라의 수도였던 경주에 있어.

맨 위는 사각형 모양이라고!

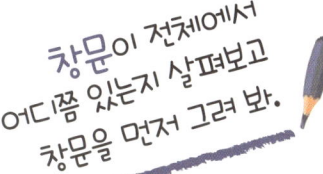

창문이 전체에서 어디쯤 있는지 살펴보고 창문을 먼저 그려 봐.

따라서 그려 보자!

잘 세어 보면 첨성대는 27단으로 되어 있어. 이것은 선덕 여왕이 신라의 27대 왕이기 때문이래. 벽돌 수도 365개인데 이것은 1년을 나타내지.

역사 퀴즈

우리나라 역사를 살펴보면 여왕이 있었어. 모른다고? 이런. 역사 공부 좀 해야겠구나. 다음 중 우리나라의 멋진 여왕 세 명이 아닌 것은 누구일까?

❶ 진덕 여왕
❷ 진성 여왕
❸ 선덕 여왕
❹ 선조 여왕

④ 선조 여왕

선덕 여왕은 신라 27대 왕이고, 뒤를 이어 진덕 여왕이 28대 왕이 되었어. 진성 여왕은 51대왕이지. 아쉽게도 신라 시대 말고는 여왕이 없었다는 사실!
혹시 틀린 친구들은 없겠지? 우리나라 3대 여왕의 이름쯤은 외워 두자고!

배꼽 잡는 역사 이야기

원효 대사는 젊은 시절 불교 공부를 더 깊이 하려고 당나라로 떠나던 중 무덤가에서 잠을 청하게 되었지. 자다가 목이 너무 말라 깨어 머리맡에 있던 바가지 속의 물을 마셨어. 그런데 잠에서 깨고 보니 그 바가지는 해골이었고, 바가지 속의 물이라고 생각했던 것은 해골이 썩은 물이었지. 이 일을 겪고 원효는 '세상의 모든 것이 마음에 달려 있다.'라는 깨달음을 얻었대. 그리고 굳이 먼 당나라로 유학 갈 필요가 없다고 생각하고 그길로 발길을 돌려 신라로 돌아갔단다.

금동 미륵보살 반가 사유상

금동 미륵보살 반가 사유상은 삼국 시대에 만들어진 조각품이야. 그때는 모두 불교를 믿었기 때문에 불교와 관련된 조각품이 많았지. 그중에서도 금동 미륵보살 반가 사유상은 무척이나 아름답고 정교해서 뛰어난 작품으로 손꼽힌단다. 앉아서 깊은 생각에 잠긴 보살의 모습은 단순하면서도 균형이 잡혀 있고 옷 주름이 생생할 뿐 아니라, 잔잔한 미소를 보면 보살의 자비로운 마음을 느낄 수 있어.

앞에 붙은 '금동'은 동으로 만들어서 겉에 금을 입혔다는 뜻이야.

서울 용산에 있는 국립중앙박물관에 보관되어 있어.

따라서 그려 보자!

온화한 미소와 아름다움으로 국보 중의 국보라는 찬사를 받는 조각품이지. 실제 높이가 93.5센티미터 정도 된단다.

오른쪽과 왼쪽을 잘 구분해야 해.

생생하게 살아 있는 것 같은 발가락도 잊지 말고!

살며시 밟고 있는 것은 연꽃이란다.

Question

역사 퀴즈

다음 중 불교의 전파를 위해 힘쓴 스님은 누구일까?

❶ 원효
❷ 심호
❸ 강수
❹ 대성

nswer

① 원효

원효 대사는 신라 시대의 스님으로 불교를 사람들에게 널리 알리기 위해 불교 경전을 펴냈고 불교의 발전에도 크게 이바지했지.

오싹오싹 역사 이야기

조선을 세운 이성계는 왕위를 여덟 명의 아들 중 둘째 아들에게 물려주고 고향인 함길도 함흥으로 내려갔어. 그러나 호시탐탐 왕 자리를 노리던 다섯째 아들 이방원은 형에게 왕위를 빼앗듯 물려받았고 이를 안 이성계는 태종을 미워했단다. 그래서 태종이 함흥으로 차사를 보내 문안을 드릴 때마다 그 차사를 죽여 버렸지. 그때부터 심부름을 시킨 사람이 소식이 없거나 회답이 늦으면 '함흥차사다'라고 말한단다.

숭례문

숭례문은 우리나라 국보 1호란다. 한양을 지키는 네 개의 대문 가운데 하나로 조선 시대 초기인 1398년에 완성되었지. 수많은 사람들이 이 문을 통해 한양으로 들어오곤 했어. 또 큰 건물이 없었던 조선 시대여서, 상대적으로 이 문의 크기가 매우 크게 여겨졌지. 그래서 지방 사람들도 꼭 한 번 보고 싶어 하는 문이기도 했어. 숭례문 옆의 성곽은 일제 강점기 때 일본이 전차를 놓기 위해 허물어 버렸단다.

4대문은 북쪽의 숙정문, 동쪽의 흥인지문, 서쪽의 돈의문, 남쪽의 숭정문이야.

서울 광화문과 서울역 사이에 위치해 있어.

따라서 그려 보자!

우리나라의 건축물들은 대부분 나무로 만들어졌기 때문에 불이 나면 매우 위험해. 숭례문도 지난 2008년에 화재로 다시 지어지는 아픔을 겪었지만 서울을 찾는 사람들에게 여전히 사랑받는 건축물이란다.

지붕과 아랫부분의 비율을 잘 맞추어야 해.

우풍당당하게 보여야 해.

Question

역사 퀴즈

국보 1호가 숭례문이면 국보 2호는 무엇일까?

❶ 불국사
❷ 원각사지 10층 석탑
❸ 성덕 대왕 신종
❹ 고려청자

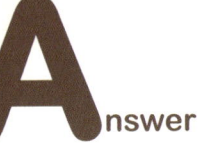

Answer

❷ 원각사지 10층 석탑

원각사지 10층 석탑은 서울 파고다 공원 안에 있어. 국보의 번호는 지정한 순서에 따라 번호가 매겨진 것이기 때문에 앞의 번호라서 더 중요한 문화재란 뜻은 아니란다.

힘이 되는 역사 이야기

고려는 무신들의 나라였어. 문신보다 무신들의 힘이 더 컸지. 그래서 씨름, 격구, 수박 등 여러 가지 무술이 발달했어. 특히 격구는 말을 타고 막대기로 공을 쳐서 상대방의 문 안으로 넣는 경기였는데 고려 시대에 크게 유행했지. 고려 의종은 격구 실력이 매우 뛰어나서 상대할 사람이 없을 정도였다고 해.

고려청자

청자는 흙으로 빚은 다음 구워 만든 그릇이야. 푸른빛이 난다고 해서 청자라고 부르고 고려 시대 때 만들었다고 해서 고려청자라 부른단다. 청자의 푸른빛은 그릇의 겉면에 칠하는 유약에 든 철 성분이 도자기 흙과 합쳐져 만들어진단다. 청자의 아름다움에 반한 중국 송나라의 사신은 '고려의 신비로운 색깔'이라고 부르며 고려 사람들의 도자기 만드는 솜씨를 부러워했어.

상감청자는 흙으로 빚은 도자기의 표면에 무늬를 그린 후 그 안을 하얀 흙이나 검은 흙으로 메워 구워 내, 아름다운 무늬가 나타나도록 만들었어.

좋은 도자기는 질 좋은 흙과 물이 많은 곳에서 만들어지지. 우리나라는 바다를 끼고 있는 전라남도 강진과 전라북도 부안에서 많이 생산되었단다.

따라서 그려 보자!

은은한 푸른빛에 학이 가득 날아오르는 모양이 아름답지? 이 병의 이름은 '청자상감운학문매병'이야. 고려청자의 우수성이 담긴 대표적인 청자란다.

여러 마리의 학을 **꼼꼼**하게 그려 넣어야 해.

위에서 아래로 떨어지는 **곡선**의 **각도**를 잘 보렴.

uestion

역사 퀴즈

다음 중 청자와 관련되지 않은 것은 무엇일까?

❶ 강진
❷ 상감 기법
❸ 고려
❹ 호리병

④ 호리병

강진은 청자를 많이 만들었던 곳이고, 상감은 청자에 무늬를 넣는 방법이고, 주로 고려 시대에 만들어졌으니 답은 4번이겠지?

눈물 쏘옥 역사 이야기

김대성은 불국사를 세울 때 백제의 기술자인 아사달을 데려와 탑을 만들게 했어. 아사달은 훌륭한 탑을 완성하기 전에는 누구도 만나지 않겠다고 결심하고 아내인 아사녀가 먼 길을 찾아왔지만 만나지 않았어. 탑이 완성되면 앞에 있는 연못에 그림자가 나타날 것이니 그때 만나자고 소식만 전했지. 연못가에서 탑의 그림자가 나타나기를 기다리던 아사녀는 그만 시름시름 앓다가 연못에 뛰어들어 죽고 말았단다. 둘의 사랑을 기리기 위하여 석가탑을 그림자가 비치지 않는다는 뜻의 '무영탑'이라고 불렀어.

석가탑

불국사는 통일 신라 시대 김대성이 지은 절이야. '불국'이란 부처님의 나라를 말해. 불국사의 대웅전 앞에는 석가탑과 다보탑이 나란히 서 있어. 왼쪽의 탑이 석가탑인데 특별한 장식이 없으면서도 각 부분의 비례가 아름답고 조화롭단다. 1966년에는 석가탑을 수리하다가 그 속에서 세계에서 가장 오래된 목판 인쇄물인 '무구 정광 대다라니경'을 발견하기도 했지.

석가탑은 신라 경덕왕이 왕위에 오른 742년에 만들어졌어.

석가탑의 원래 이름은 불국사 삼층 석탑이야. 무영탑이라고도 불리지.

따라서 그려 보자!

석가탑은 군더더기가 없으면서 세련된 모습이야.
아사달은 어떤 마음으로 석가탑을 만든 것일까?
신라 사람들이 이렇게 많은 절을 세우고
아름다운 탑을 만든 것은 그만큼 부처님을 향한
마음이 깊었기 때문이란다.

Question

역사 퀴즈

다음 중 경주에서 볼 수 있는 것이 아닌 것은 무엇일까?

1. 석가탑
2. 다보탑
3. 석굴암
4. 무량수전

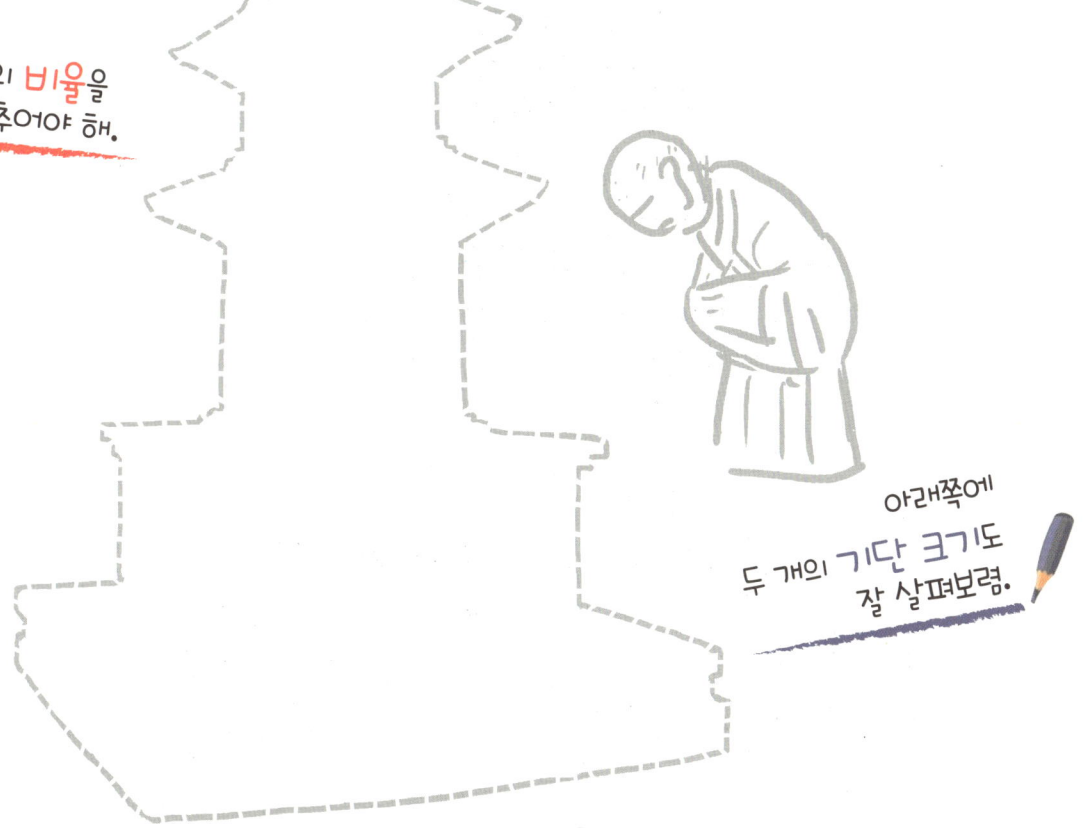

각 층의 비율을 잘 맞추어야 해.

아래쪽에 두 개의 기단 크기도 잘 살펴보렴.

Answer

④ 무량수전

무량수전은 영주 부석사에 있는 고려 시대의 건축물이란다. 이곳에 가면 가운데가 통통한 배흘림기둥을 볼 수 있지.

눈물 쏘옥 역사 이야기

불국사를 세운 김대성은 두 번 태어난 사람이었어. 첫 번째는 가난한 집에서 태어났어. 김대성의 부모는 가난한 형편에도 언제나 부처님에게는 시주를 아끼지 않았지. 김대성은 열 살 즈음 갑자기 세상을 뜨고 말았어. 그리고 열 달 뒤, 서라벌의 재상집에서 아들이 태어났는데 아기의 손바닥에는 '대성'이라는 두 글자가 새겨져 있었어. 김대성은 원래 어머니를 모셔 와 함께 살면서 높은 자리에까지 올랐지. 벼슬에서 물러난 뒤에는 현세의 부모님을 위해 불국사를 짓고, 전생의 부모님을 위해서는 석굴암을 만들었다고 해.

다보탑

불국사 대웅전 앞마당의 동쪽에 있는 탑이야. 십 원짜리 동전에도 새겨져 있지. 약 1500년 동안 변치 않고 자리를 지킬 수 있었던 건 그만큼 안정적으로 만들어졌기 때문이지.

높이는 얼마나 될까?
➡ 10.4미터 정도 돼.

석가탑과 다보탑이 나란히 있는 이유는 '현재의 부처'인 석가여래가 설법하는 것을 '과거의 부처'인 다보불이 옆에서 옳다고 한다는 불교 경전의 내용에 따라서란다.

따라서 그려 보자!

석가탑의 네 기둥 옆에는 모두 사자상이 하나씩 있었으나 일제 강점기에 사라지고 하나만 남았어.

연꽃잎의 받침을 찾아보렴.

아래쪽의 층계도 잊지 말고 그려 넣어야 해.

Question

역사 퀴즈

다음 중 우리나라의 탑이 아닌 것은 무엇일까?

❶ 석가탑
❷ 에펠 탑
❸ 미륵사지 석탑
❹ 황룡사 구층탑

nswer

❷ 에펠 탑
에펠 탑은 프랑스 파리에 있어.

**시시콜콜
역사 이야기**

지금은 많은 사람들이 존경하는 이순신 장군이지만, 젊었을 때의 이순신은 그다지 똑똑하지 못했어. 22세부터 무과에 응시했지만 번번이 낙방을 면치 못했거든. 게다가 28세에는 시험을 보다가 달리던 말에서 떨어지는 바람에 왼쪽 다리가 부러지기까지 했지. 32세가 되어서야 간신히 무과에 합격했고 관직을 얻은 후에도 오랫동안 변방의 보잘것없는 관료로 살았지. 하지만 임진왜란 때 우리나라를 구한 걸 보면, 뭐든 일찍 포기하는 건 옳은 일이 아니지?

거북선

거북선은 이순신 장군이 만든 배야. 보통의 배와는 달리, 갑판에 덮개가 덮여 있는 것이 거북 모양을 닮아 거북선이라고 불렀어. 덮개에는 철침이 박혀 있어서 적군들이 쉽게 배에 올라올 수 없었고 일본의 무서운 무기인 조총도 피할 수 있었어. 덕분에 임진왜란이 일어났을 때 이순신은 우리의 바다를 튼튼히 지킬 수 있었단다.

거북선은 1592년 5월 29일 사천해전에서 처음 사용되었어.

용머리에서 연기가 뿜어 나오면 적들이 당황하게 되지.

100~130명 정도 탈 수 있었어.

따라서 그려 보자!

거북선의 안쪽은 3층으로 나뉘어 있어. 맨 아래층에 노를 젓는 사람들이 있었고, 2층에는 군사들이 머물렀고, 맨 위층에는 천자총통 등 여러 포가 자리 잡고 있었지.

용머리와 돛대의 위치를 잘 살펴보아야 해.

등에 철침도 잊지 말고 그려 줘야지.

더 무섭게 그리려면 용의 입에 연기를 그려 주렴.

Question

역사 퀴즈

임진왜란 동안 우리나라 곳곳에서는 많은 전투가 있었어. 다음 중 임진왜란 때 바다에서 일어난 전투가 아닌 것은 무엇일까?

❶ 한산도 대첩
❷ 칠천량 해전
❸ 행주 대첩
❹ 노량 해전

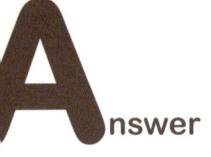

❸ 행주 대첩

행주 대첩은 임진왜란 때 권율 장군이 행주산성에서 왜군에 맞서 싸운 치열한 전투였어. 무기가 떨어진 군사들은 돌을 던지며 왜군과 싸웠는데, 많은 아주머니들이 긴 치마를 짧게 잘라 돌을 담아 옮기며 전투를 도왔다고 해. 이때부터 행주치마가 생겼단다. 행주 대첩은 임진왜란의 3대 대첩 중 하나이기도 하지.

시시콜콜 역사 이야기

조선 시대에는 그림 그리는 일을 맡아서 하던 '도화서'라는 관청이 있었어. 여기서 일하는 사람을 '화원'이라고 불렀는데 화원이 되기 위해서는 실기 시험을 쳐야 했어. 김홍도 이곳 출신이었단다. 도화서에서는 왕실에서 사용하는 그릇에 들어가는 그림을 디자인하거나, 관원들이 입는 옷의 문양을 만들고, 의례에 관련된 그림을 그리기도 하며, 왕실의 초상화를 그리기도 했단다.

김홍도의 서당

김홍도가 그린 풍속화 '서당'이야. 서당은 조선 시대의 학교와 같은 곳이었어. 방금 훈장에게 회초리를 맞은 어린 학생이 울고 있는 모습이 생생하지? 아마 숙제를 안 해 왔나 봐. 키득키득 웃고 있는 옆자리 친구들의 표정도 재미있지? 모습과 감정이 세세히 드러나 있는 이 그림은 조선 시대 풍속화 중에서도 손꼽히는 그림이란다.

풍속화란 서민들이 살아가는 모습을 그대로 담은 그림을 말해.

김홍도는 서당 외에도 씨름, 타작도 등 사람들의 생활을 많이 그렸단다.

따라서 그려 보자!

풍속화의 특징은 사람들의 생활 모습을 생생하게 담았다는 거야. 그래서 인물들의 동작이나 얼굴 표정이 살아 있어서 금방이라도 그림 밖으로 튀어나올 것 같지.

인물들의 **얼굴 모습**과 **동작**을 잘 살펴봐.

구불구불한 옷의 선도 잘 따라 그려 보렴.

Question

역사 퀴즈

다음 중 조선 시대 화가가 아닌 사람은 누구일까?

❶ 이중섭
❷ 김홍도
❸ 신윤복
❹ 장승업

25

Answer

1 이중섭

화가 이중섭은 1916년에 태어난 우리나라의 현대 화가야. 대표작으로 '황소'가 있지.

눈물 찔끔 역사 이야기

집현전은 학문을 연구하기 위해 세워진 기관이었어. 학문을 좋아했던 세종 대왕은 이곳에서 학자들이 열심히 연구할 수 있도록 장려했지. 어느 추운 겨울날 밤늦도록 집현전에 불이 꺼지지 않는 것을 보고 세종 대왕은 직접 그곳으로 가 보았어. 마침 신숙주가 책을 읽다 지쳐 깜빡 책상 위에 엎드려 자고 있었지. 그 모습을 본 세종 대왕은 안쓰러운 마음에 자신의 담비 가죽 옷을 벗어 덮어 주었어. 잠에서 깬 신숙주는 왕이 다녀간 것을 알고 감동해 더욱 공부에 매진했다고 해.

훈민정음

한글의 원래 이름인 훈민정음은 '백성을 가르치는 바른 소리'라는 뜻이야. 조선의 네 번째 임금인 세종 대왕이 만든 우리의 글자이지. 세종 대왕은 글을 몰라 억울한 일을 당하는 백성이 많은 것을 알고, 누구나 쉽게 배우고 쓸 수 있는 우리만의 글자를 만들었어. 그때가 1443년이었지. 처음에는 여자나 평민들이나 쓰는 글자라고 홀대를 받았지만 한글의 편리성을 깨닫게 되었고 우리는 세계에서 가장 훌륭하고 독창적인 우리 고유의 글자를 가지게 되었단다.

 한글은 처음에는 28자였는데 이 중에서 네 가지 글자는 사라지고 지금은 24자가 쓰이고 있지.

 한글은 입 모양과 목구멍의 모양과 움직임을 본떠 만들었다고 해.

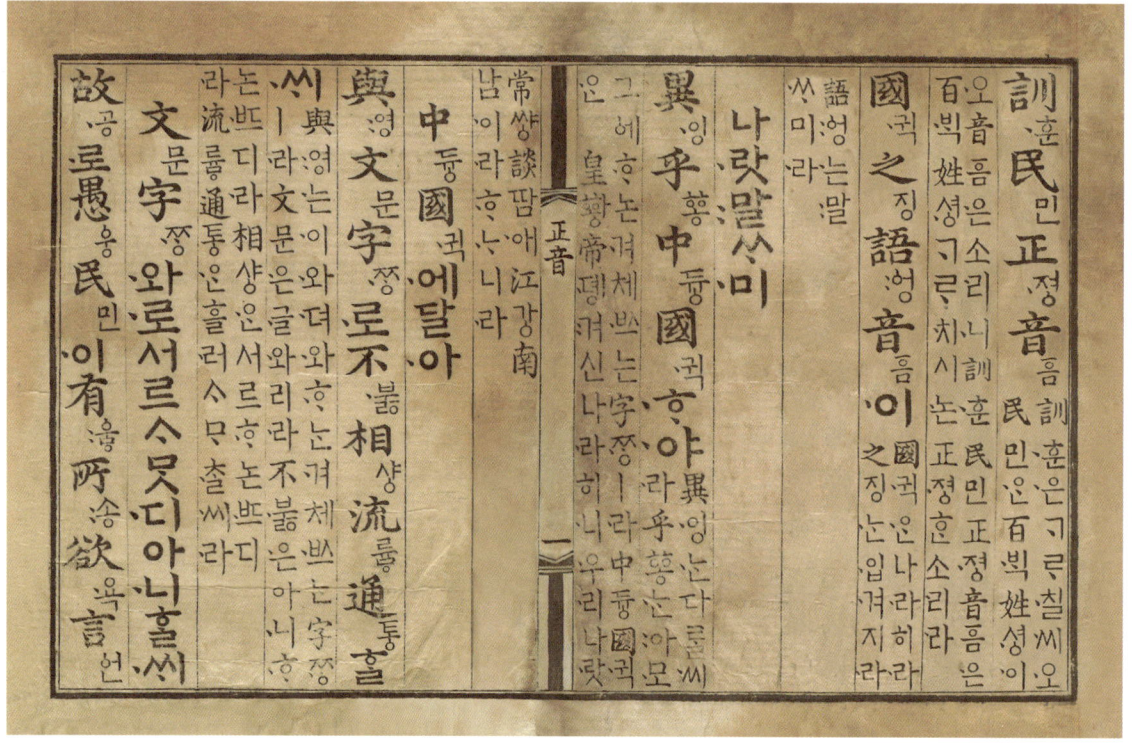

따라서 그려 보자!

훈민정음은 매우 과학적인 글자야. 세계 여러 나라에서 사용하고 있는 문자는 대부분 알파벳이나 한자를 빌려다가 자기 나라에 맞게 고친 거야. 하지만 한글은 발음 기관과 자연의 모습인 하늘, 땅, 사람의 모양을 본떠 독창적으로 만든 문자란다.

세종 대왕의 마음으로 한 자 한 자를 잘 따라 써 봐.

어떤 것이 하늘이고 어떤 것이 땅의 모양이 었을지 생각해 보렴.

세종 훈민정음

Question

역사 퀴즈

세종 대왕이 한글을 만드는 데 반대한 학자는 누구일까?

❶ 황희
❷ 정약용
❸ 정인지
❹ 최만리

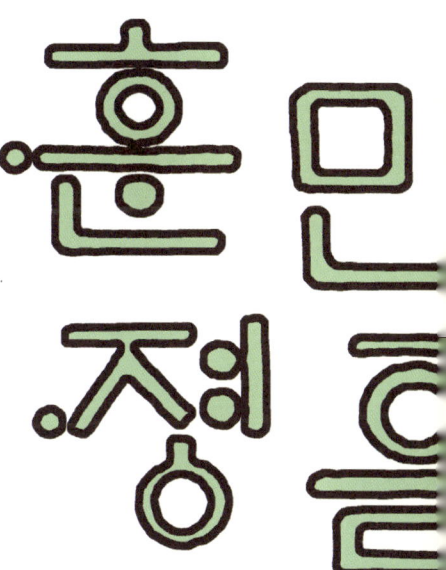

❹ 최만리

집현전 학자였던 최만리는 조선의 글자를 만드는 것을 반대하며 상소를 올렸어. 자신의 글자를 가진 나라는 오랑캐 나라들밖에 없으며, 중국의 시비가 염려된다는 내용이었지.

하하 호호 역사 이야기

고조선을 세운 단군왕검의 이야기는 〈삼국유사〉에 실려 있어. 하늘에서 내려온 하늘신의 아들 환웅은 인간이 되고 싶어 하는 곰과 호랑이에게 마늘과 쑥을 주고 동굴에서 100일 동안 햇빛을 보지 말라고 했지. 호랑이는 참지 못하고 동굴을 뛰쳐나갔고 곰은 꾹 참아 마침내 여자가 되었단다. 환웅과 웅녀가 결혼해 태어난 아들이 바로 단군이란다. 단군은 기원전 2333년에 고조선을 세웠지.

고인돌

고인돌은 청동기 시대의 무덤이야. 돌로 되어 있어서 '지석묘'라고도 부르지. 두 개의 기둥 역할을 하는 돌 위에 넓적한 돌을 얹어 놓은 모양이야. 돌은 아주 커서 한두 사람이 들 수 없을 정도지. 그렇기 때문에 고인돌은 부족장이나 지위가 높았던 사람들의 무덤이라는 걸 알 수 있어. 우리나라에서는 강화도와 전라북도 고창 등지에서 많이 찾아볼 수 있단다.

고인돌은 시체를 묻은 다음 그 위에 여러 사람이 힘을 합해 두 개의 기둥을 세우고 기둥 높이만큼 흙을 덮어. 그리고 그 위로 큰 덮개 돌을 올리고 흙을 빼내는 방식으로 만들었어.

고인돌은 전 세계에서 발견되고 있지만, 특히 중국과 우리나라, 일본 등 동북아시아 지역에 많아. 지금까지 남한에서만 세계 고인돌의 40퍼센트 이상이나 되는 약 3만여 개가 발견되었단다.

따라서 그려 보자!

고인돌은 '괴여 있는 돌'이라는 뜻이야. 두 개의 돌을 괴었으니 그렇게 이름 붙인 것이겠지? 고인돌의 모양은 여러 가지인데 아래와 같은 형태가 가장 일반적이야. 강화도나 전라남도 화순, 고창에서는 유네스코 세계 문화유산에 등재된 고인돌을 만날 수 있단다.

쉬워 보인다고 대충 그리지 말고 바위의 각도를 잘 살펴보렴.

Question

역사 퀴즈

우리나라가 청동기 시대였을 때 국가의 이름은 무엇이었을까?

❶ 고조선
❷ 신라
❸ 고려
❹ 조선

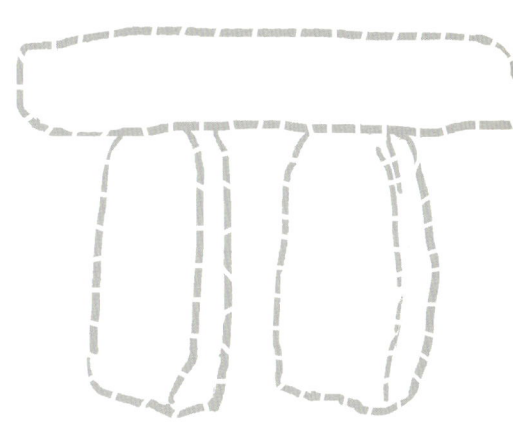

 **A**nswer

1 고조선
우리 역사의 첫 번째 나라인 고조선은 청동기 시대에 세워진 나라야. 단군왕검이 세운 나라지.

 오싹오싹
역사 이야기

고구려 대무신왕에게는 호동이라는 왕자가 있었어. 호동은 어느 날 옆 나라인 옥저에 놀러 갔다가 낙랑 태수의 딸을 만나 사랑에 빠지고 말았어. 낙랑에는 외적이 침입하면 스스로 소리를 내는 '자명고'라는 북이 있었는데 이것 때문에 고구려는 낙랑을 침략하지 못했지. 호동은 낙랑 공주에게 자명고를 없애 달라고 설득했어. 결국 낙랑 공주는 호동의 말대로 자명고를 찢어 버렸고 낙랑은 고구려에게 멸망했지. 낙랑 공주는 사실을 알게 된 아버지에게 죽임을 당하고 말았단다.

고구려 수렵도

수렵도는 말을 타고 활을 쏘며 사냥을 하는 장면을 그린 그림이야. 이 그림은 무용총이라는 무덤의 벽화야. 호랑이를 쫓는 개와 말 탄 사람들이 생동감 있게 그려져 있는 걸 보니 씩씩하고 힘찬 고구려 사람의 기상을 알 수 있지?

 수렵도를 통해 고구려 때는 사냥을 하고 살았다는 것, 고구려 사람들이 말을 잘 탔다는 것, 죽음이 끝이 아니라 다른 세상으로 가는 길이라고 생각했다는 것 등을 알 수 있지.

 수렵도는 중국 길림성 집안현 여산 남록에 있어. 고구려 때는 이 지역도 우리 땅이었거든.

따라서 그려 보자!

무용총에는 수렵도 말고도 인물, 풍속도 및 사신도 등의 벽화가 그려져 있어. 그중에서도 수렵도는 사냥을 하는 사람들의 모습이 사실적이고 생생하게 나타나 있는 작품이지.

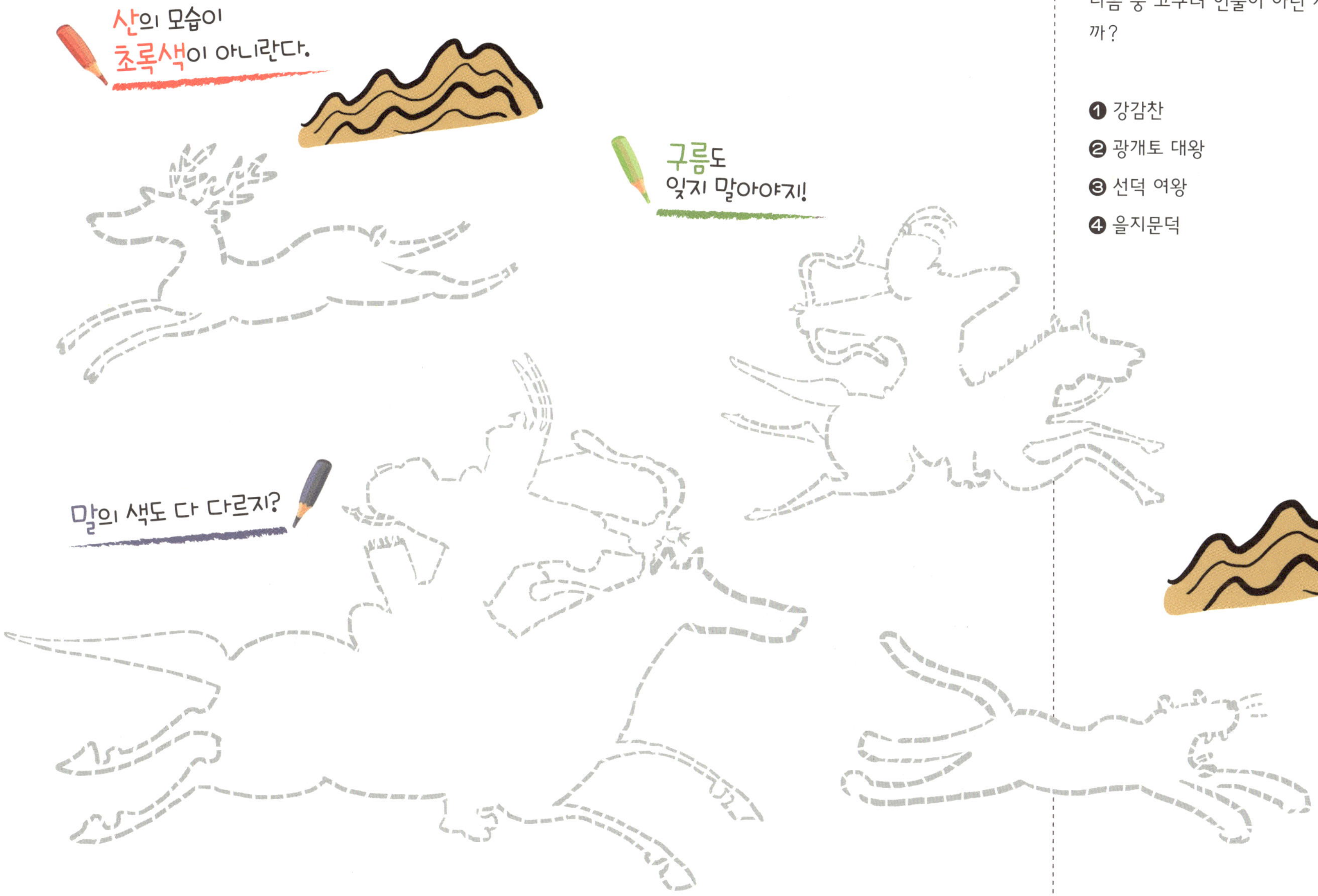

산의 모습이 초록색이 아니란다.

구름도 잊지 말아야지!

말의 색도 다 다르지?

Question

역사 퀴즈

다음 중 고구려 인물이 아닌 사람은 누구일까?

① 강감찬
② 광개토 대왕
③ 선덕 여왕
④ 을지문덕

nswer

❸ 선덕 여왕

선덕 여왕은 신라 27대 왕이란다. 신라 시대 말고는 여왕은 없었어.

눈물 쏘옥
역사 이야기

백제를 세운 온조는 원래 고구려의 시조인 주몽의 둘째 아들이었어. 그런데 어느 날 주몽이 동부여에서 낳았던 아들인 유리가 고구려로 찾아왔지. 주몽은 유리를 아끼면서 왕위도 그에게 물려주려고 했어. 괴로워하던 온조는 형 비류와 어머니인 소서노와 함께 새로운 나라를 만들기 위해 길을 떠났지. 그리고 하남 위례성에 자리를 잡고 백제를 세웠단다.

백제 금동대향로

백제는 공예가 발달해서 아름다운 문화재가 많이 남아 있어. 그중 하나인 금동대향로는 부여의 능산리 절터에서 발견되었는데 뛰어난 예술성으로 세상을 깜짝 놀라게 했지. 향로는 불전에 향을 피울 때 쓰는 그릇이야.

 높이는 61.8센티미터이고 무게는 12킬로그램 정도야.

지금은 국립부여박물관에 있단다.

따라서 그려 보자!

백제 금동대향로는 앞발을 치켜든 용 한 마리가 연꽃 봉오리를 물고 있는 모습을 하고 있어.

역사 퀴즈

다음 중 백제의 문화재는 어느 것일까?

❶ 첨성대
❷ 경복궁
❸ 남대문
❹ 서산 마애 삼존 불상

맨 꼭대기에 있는 것은 **여의주**를 물고 있는 봉황이야.

좀 복잡하니까 자세히 살펴보면서 그려야 해.

Answer

❹ 서산 마애 삼존 불상
충청남도 서산시 운산면 가야산 계곡을 따라 들어가면 절벽에 부처님의 모습이 커다랗게 조각되어 있어. 흔히 '백제의 미소'라고 부르지.

힘이 되는 역사 이야기

신라에는 특별한 제도가 있었는데 바로 '화백 제도'란다. 화백 제도는 국가의 중요 사항을 결정하는 회의 제도였어. 예를 들면 왕위를 누가 이을 것인가를 결정하거나, 전쟁을 할 것인지 말 것인지, 또 사회에 필요한 제도를 만들 것인지 말 것인지 등을 논의하고 결정했지. 이 화백 제도의 특징은 만장일치제라는 거야. 즉, 참석한 사람이 모두 찬성해야만 결정이 되는 것이지. 화백 회의의 의장은 '상대등'이라고 불렀단다.

천마총 금관

신라 시대에 만들어진 금관이야. 천마총이라 불리는 무덤 안에서 발견되었지. 금관은 금으로 만든 모자를 말해. 주로 신분이 높은 사람들이 썼던 것이지. 고구려와 백제, 신라 삼국 가운데서는 특히 신라에서 금관이 많이 발견되었어. 그것은 신라 사람들이 금을 다루는 실력이 뛰어났기 때문이겠지? 천마총 금관은 신라의 다른 금관보다 훨씬 아름답고 화려하단다.

천마총 금관은 경주국립박물관에서 볼 수 있어.

약 5세기 말에서 6세기 초에 만들어졌을 것으로 추측해.

따라서 그려 보자!

머리에 쓰고 있으면 무척이나 우아해 보이겠지? 실제 크기는 32.5센티미터 정도 된단다. 머리에 걸치는 둥근 테 위에 출(出)자 모양의 가지가 있고 구부러진 옥이 여러 개 달려 있지.

달려 있는 구부러진 옥을 빠뜨리지 말아야 해.

Question

역사 퀴즈

다음 중 신라의 무덤이 아닌 것은 무엇일까?

❶ 천마총
❷ 황남대총
❸ 금관총
❹ 무용총

Answer

④ 무용총

무용총은 지금의 중국 지린성에 있는 고구려의 무덤이란다.

힘이 되는 역사 이야기

신라에 있었던 또 하나의 특별한 제도는 '골품 제도'야. 신분의 높고 낮음을 구분하는 제도인데 왕족을 대상으로 한 '골제'와 일반 백성을 대상으로 하는 '두품제'를 합한 것이지. 골품제는 모두 8개의 신분층이 있었는데 골족은 성골과 진골로 구분되었고, 두품은 6두품에서 1두품까지 있었는데 숫자가 클수록 신분이 높았어. 신분에 따라 나갈 수 있는 관직이나 혼인식 규모, 옷, 집, 수레의 크기 등이 다 달랐단다.

석굴암

석굴암은 통일 신라 시대에 경주 토함산 중턱에 돌로 만든 인공 석굴이야. 경덕왕의 명을 받은 김대성은 불국사와 같이 공사를 시작했지만 완공하는 데 40년이나 걸렸단다. 과학적이면서도 아름다움을 가진 석굴암은 국보 제24호이자 유네스코 세계 문화유산이기도 해.

우리나라의 돌은 화강암이라 굴을 뚫기가 어려워. 그래서 돌을 쌓아 인공 석굴을 만들었단다.

석굴암 불상은 정확히 해가 뜨는 곳을 향해 있고, 서리가 생기지 않도록 만들어 돌에 이끼가 끼지 않아. 그래서 석굴암을 과학적이라고 해!

따라서 그려 보자!

석굴암은 360여 개의 넓적한 돌로 만들어졌어. 가운데 있는 석가여래좌상은 돌을 깎아 조각한 것이라고는 믿기 어려울 정도로 부드러운 선과 온화한 얼굴 표정을 띠고 있지.

*석가여래좌상*은 연꽃 위에 앉아 있어.

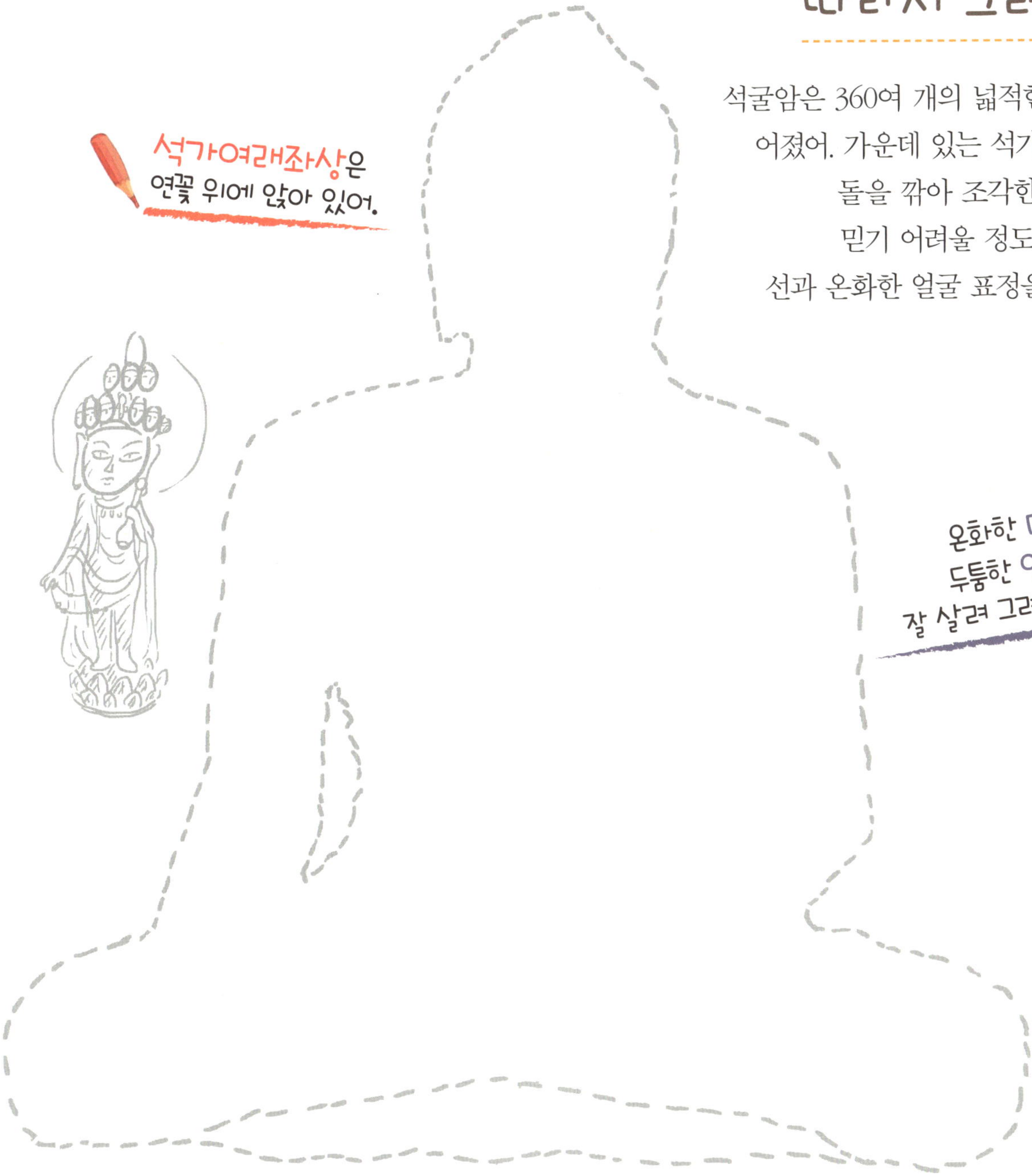

온화한 미소, 두툼한 입술도 잘 살려 그려 보렴.

Question

역사 퀴즈

다음 중 석굴암과 관련 없는 어느 것일까?

① 김대성
② 온조왕
③ 화강암
④ 신라

Answer

❷ 온조왕

온조왕은 백제를 세운 왕의 이름이란다.

오싹오싹 역사 이야기

성덕 대왕 신종이 얼마나 어렵게 만들어졌는지 알려 주는 전설이 있어. 여러 번 종을 만들었지만 소리가 탁했어. 그러자 나라에서는 온 백성들의 정성을 모아야 좋은 종을 만들 수 있다고 생각하게 되었어. 그래서 누구라도 종 만드는 비용을 조금씩 내라고 명했지. 어느 날 가난한 집 아주머니는 바칠 것이 아무것도 없다며 갓 태어난 아기를 안고 왔어. 종을 만들던 스님은 당황스러웠지만 어쩔 수 없이 아기를 받았고, 아기를 끓고 있던 쇳물 속으로 던져 넣었단다. 그러자 종이 청아한 소리를 냈다는구나.

성덕 대왕 신종

신라 35대 경덕왕은 아버지인 성덕왕의 명복을 빌기 위하여 큰 종을 만들려고 했어. 하지만 아무리 노력해도 좋은 소리를 가진 종을 만들 수 없었지. 결국 경덕왕은 세상을 떠나고 그의 아들 혜공왕이 뒤를 이어 771년에 종을 완성했어. 그것이 바로 성덕 대왕 신종이야. 우리나라에서 가장 큰 종이지. 종소리가 너무도 구슬퍼 '에밀레종'이라고도 부른단다.

성덕 대왕 신종은 구리로 만들었어.

종의 소리는 크기, 재질, 두께, 모양에 따라 다 달라. 종 만드는 사람들은 청아한 종소리를 만들기 위해 여러 가지 방법을 연구하지.

에밀레

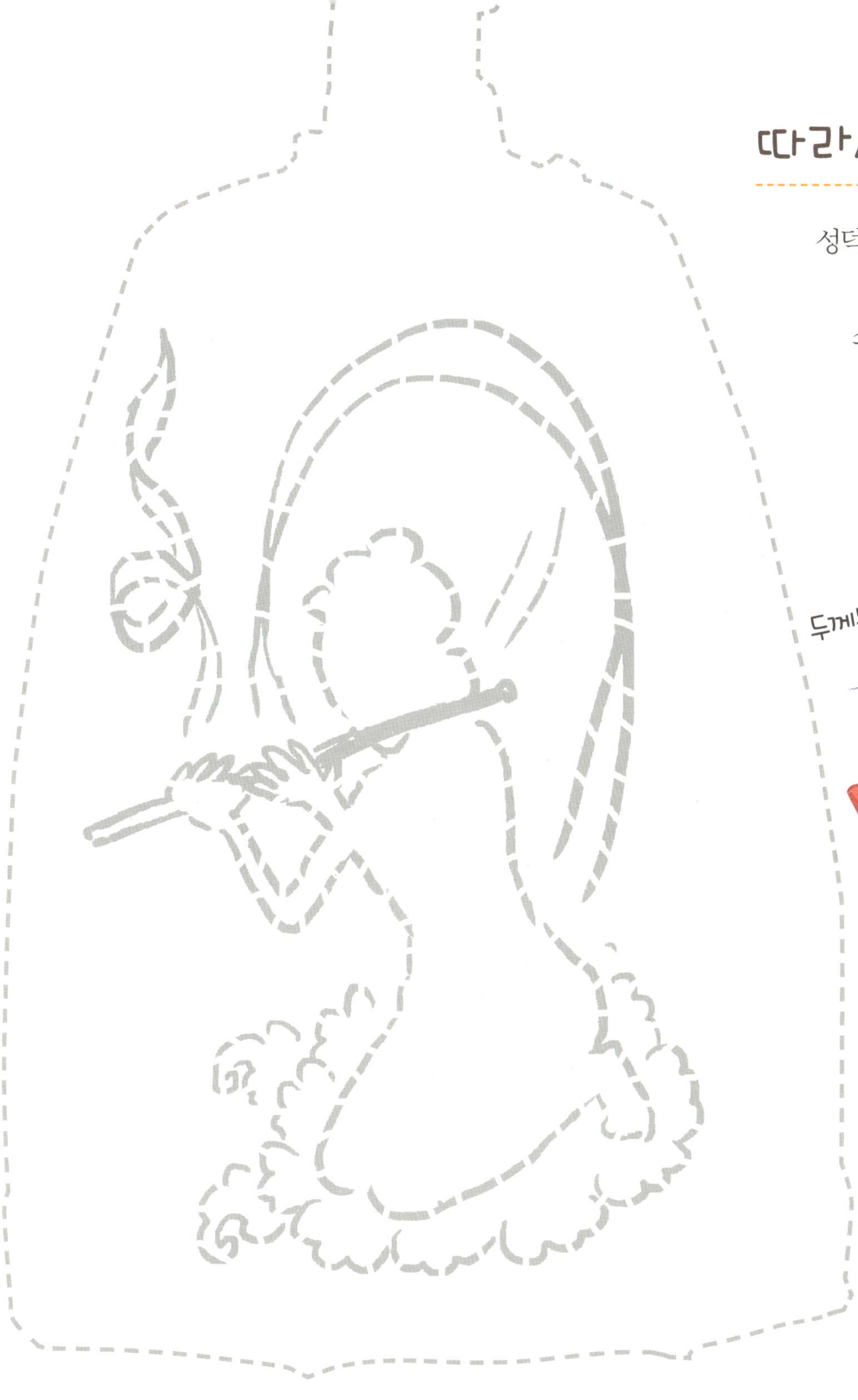

따라서 그려 보자!

성덕 대왕 신종에는 연꽃과 비천상이 그려져 있어. 소리뿐만 아니라 외관도 매우 아름답단다.

실제 크기는 높이 3.75미터, 입지름 2.27미터, 두께는 11~25센티미터 정도 된대.

비천상을 생동감 있게 표현해 봐.

Question

역사 퀴즈

다음 중 성덕 대왕 신종을 볼 수 있는 곳은 어디일까?

❶ 국립중앙박물관
❷ 부여박물관
❸ 과천과학관
❹ 국립경주박물관

저 종소리만 들으면 슬퍼져.

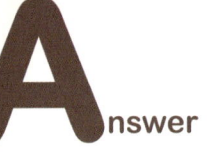

❹ 국립경주박물관
성덕 대왕 신종은 국립경주박물관에서 볼 수 있단다.

시시콜콜 역사 이야기

별신굿이란 마을의 수호신인 성황님에게 마을의 평화와 농사의 풍년을 기원하는 굿을 말해. 경북 안동 하회 마을에서는 약 500년 전부터 10년에 한 번 섣달 보름날(12월 15일)이나 특별한 일이 있을 때는 성황님을 위한 별신굿을 하고 탈놀이를 했어. 탈놀이의 등장인물로는 주지승, 각시, 중, 양반, 선비, 초랭이, 이매, 부네, 백정 그리고 할미 등이 있다. 내용은 부처님의 말씀을 저버린 파계승에 대한 비웃음과 양반에 대한 풍자를 담고 있단다.

하회탈

하회탈은 안동 하회 마을에서 전해 내려오는 나무로 만든 탈이야. 각시탈, 중탈, 양반탈 등 탈 모양만 봐도 어떤 성격의 인물인지 금방 알 수 있도록 흥미롭게 만들어졌어.

 우리나라에는 지방마다 특색 있는 탈놀이가 있는데, 경북 안동의 하회 별신굿 탈놀이, 황해도 봉산탈춤, 강령의 탈놀이와 경기도 양주의 별산대 탈놀이, 통영 지방의 오광대 놀이가 특히 유명해.

 탈놀이가 서민들에게 인기 있었던 이유는 양반들을 비판하면서 당시 신분 제도의 불만을 풀어냈기 때문이지.

따라서 그려 보자!

하회탈 중 양반탈이야. 부드러운 얼굴이 여유가 있어 보이지? 하지만 어찌 보면 좀 허풍스럽고 어찌 보면 멍청해 보이기도 해.

입은 크게 하고 **눈썹모양**을 잘 그려 봐.

Question

역사 퀴즈

다음 중 우리나라 탈놀이와 관계없는 것은 무엇일까?

❶ 양주 별산대놀이
❷ 양반들의 허풍을 비판했다.
❸ 각시탈
❹ 가면무도회

nswer

④ 가면무도회
가면무도회는 서양에서 가면을 쓰고 춤추며 즐기는 것을 말해.

배꼽 잡는 역사 이야기

조선의 수도 한양을 도읍지로 정한 것은 무학 대사였어. 하지만 처음부터 한양으로 정한 것은 아니었지. 처음에는 충청도 계룡산 자락에 도읍을 정했는데 태조의 꿈에 산신령이 나타나 그곳은 아니라고 알려 주었지. 이번에는 지금의 왕십리쯤에 터를 잡고 공사를 시작했는데 땅속에서 큰 돌이 발견되었지. 거기에는 '왕십리'라고 적혀 있었어. 이것은 고려 시대의 유명한 스님인 도선 대사가 남긴 것이었어. 여기서 10리를 더 가라는 뜻이었지. 그래서 지금의 경복궁 자리에 궁궐을 짓게 된 거란다.

경복궁 근정전

경복궁의 중심인 근정전은 1395년 태조 때 만들어져 국왕의 즉위식 등 나라의 큰 행사가 있을 때 사용되었지. 지금 볼 수 있는 모습은 임진왜란 때 불탄 것을 1867년 고종 때 흥선 대원군이 고쳐 지은 것이지. 근정전의 앞마당에는 좌우로 정1품에서 종9품까지 품계석이 세워져 있어.

'근정'이란 것은 천하의 일은 부지런히 하면 잘 다스려진다는 뜻으로, 정도전이 지었어.

근정전은 앞면이 5칸이고 옆면이 5칸인 2층 건물이야. 아래위가 트인 통층으로 뒤쪽 가운데에 임금의 자리인 어좌가 있지.

품계석이란 벼슬의 품계를 새겨서 세운 돌이야.

따라서 그려 보자!

궁궐의 중심 건물이기 때문에 위엄이 대단하지? 조선 500년 역사의 대표적인 건물이란다. 건물 주변에는 12지신상 등의 동물 조각이 조각되어 있지.

처마의 모습과 방향을 잘 살려 보렴.

앞뜰의 품계석도 그려 보렴.

uestion

역사 퀴즈

다음 중 경복궁에 없는 것은 무엇일까?

❶ 근정전
❷ 경회루
❸ 교태전
❹ 대웅전

43

❹ 대웅전

대웅전은 석가모니불을 모시는 곳으로 주로 절에서 볼 수 있지.

자격루

자격루는 세종 때 장영실이 만든 물시계야. 해시계와 다른 점은 시계를 보면서 시각을 아는 것이 아니라 매시간마다 시계 안에 있는 작은 인형들이 북을 치면서 시간을 알려 주었다는 거야. 훨씬 편하고 정확한 시계였지. 자격루는 우리나라 과학기술의 위대한 발명품이었어.

 자격루는 흘러내린 물이 그릇 안으로 들어가 쇠구슬을 건드리면 쇠구슬이 떨어지면서 동판을 움직이면 동력이 전해져 나무로 된 인형 3개가 종을 치는 원리야. 나무 인형 둘레에는 12간지가 있어 돌아가면서 1시부터 12시의 시각을 알려 주지.

눈물 뚝뚝 역사 이야기

조선 세종 때 뛰어난 과학자인 장영실은 노비의 신분으로 태어났어. 하지만 손재주가 뛰어난 것을 본 원님의 추천으로 궁궐에서 일하게 되었지. 신분을 가리지 않고 인재를 찾던 세종 대왕은 그를 무척 아꼈어. 하지만 신하들은 그를 못마땅해했단다. 장영실은 금속 활자인 갑인자, 우리나라 최초의 물시계인 자격루, 해시계인 앙부일구 등을 만들면서 상호군이라는 벼슬에까지 올랐어. 하지만 그가 만든 임금의 가마가 부서지면서 매를 맞고 관직에서 쫓겨났는데, 이후 그의 행적은 알 수가 없단다.

따라서 그려 보자!

덕수궁에 보관된 국보 229호 자격루야. 세종 때 만든 것을 개량하여 중종 때 새로 만든 것이라서 인형 등은 남아 있지 않단다.

Question

역사 퀴즈

다음 중 장영실이 만들지 않은 것은 무엇일까?

❶ 자격루
❷ 경회루
❸ 해시계
❹ 앙부일구

두 개의 **항아리**는 크고, 하나는 작아.

앞에 있는 두 개의 그릇이 **물을 담는 통**이야.

nswer

❷ 경회루
경회루는 경복궁에 있는 누각 이름이야.

시시콜콜
역사 이야기

궁궐에서 일하는 여자들을 궁녀라고 하지. 궁녀라고 해서 모두 같은 곳에서 일하는 건 아니란다. 왕과 왕비를 보호하는 지밀, 궁궐에 쓰이는 옷을 만드는 침방, 세숫물과 목욕을 담당하는 세수간, 음료와 다과를 준비하는 생과방, 옷에 수를 놓는 수방, 수라를 담당하는 수라간, 빨래를 맡는 세답방, 음식을 만드는 소주방 등 7곳으로 나뉘어 정해진 일을 했지. 뿐만 아니라 품계에 따라 지위의 높낮이가 있었고, 월급도 받았어. 궁녀 중 최고의 자리는 제조상궁이란다.

편종

편종은 종묘 제례악에 쓰이는 악기 중 하나야. 종묘 제례악이란 조선 시대 왕과 왕비의 신위를 모신 사당에서 제사를 지낼 때 연주하는 음악을 말해. 종묘 제례악에서는 편종 말고도 박, 장구, 특경, 대금, 아쟁, 당피리 등 다양한 악기가 등장한단다. 편종은 고려 시대에 송나라에서 들어왔고 세종 때부터 우리나라에서 직접 만들기 시작했어.

오른쪽 아래의 종이 가장 얇아 높은 소리를 내고, 그 위의 종이 두꺼워 가장 낮은 소리를 내지.

종의 두께가 두꺼우면 낮은 음을, 얇으면 높은 음을 낸단다.

따라서 그려 보자!

편종은 매달린 쇠종 16개를 쳐서 소리는 내는 악기야. 편종을 연주하는 사람은 오른손에 각퇴를 들고 종의 몸통 아래쪽에 있는 동전 크기의 둥근 부분을 쳐서 소리를 낸단다.

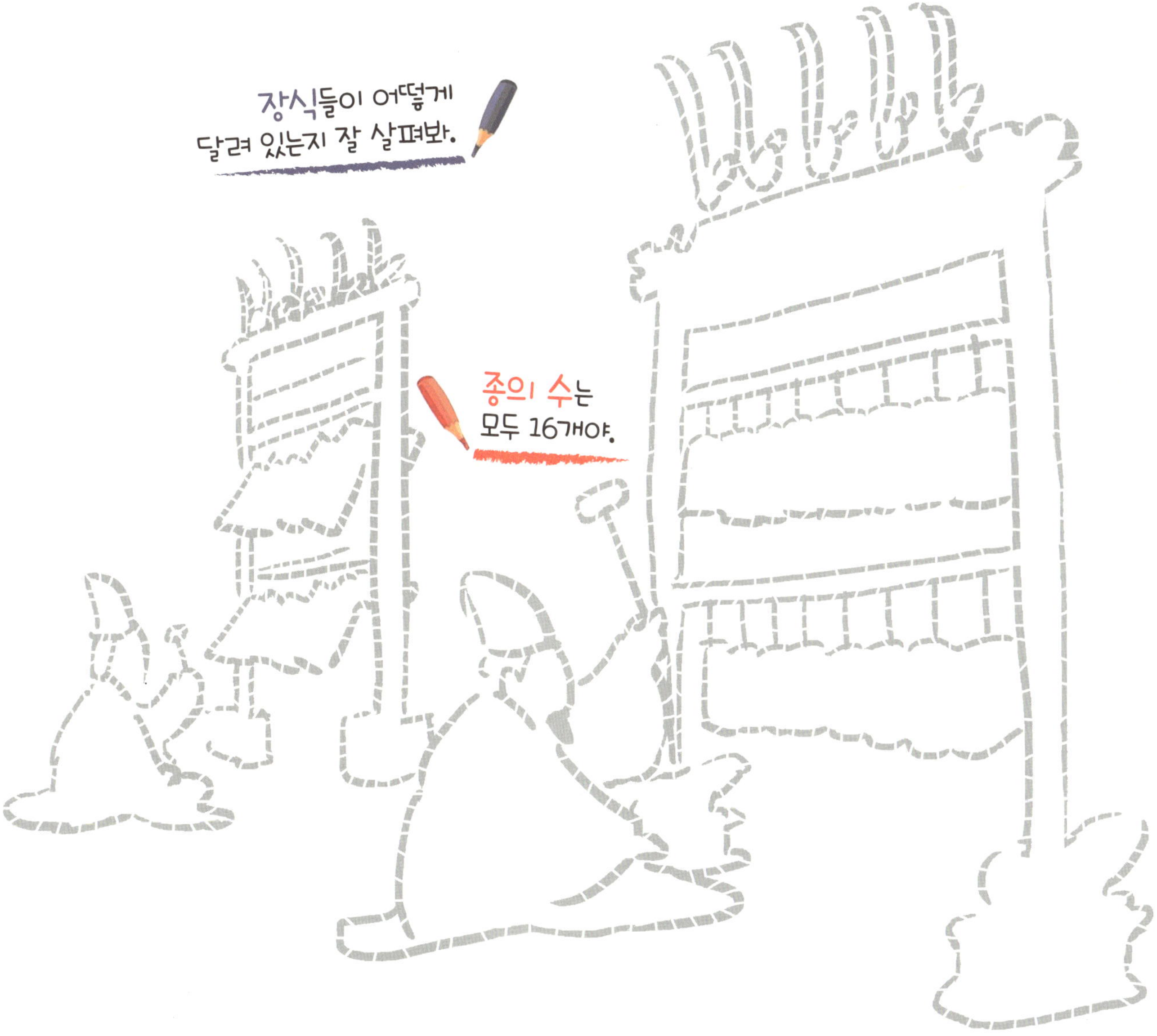

장식들이 어떻게 달려 있는지 잘 살펴봐.

종의 수는 모두 16개야.

Question

역사 퀴즈

우리나라 역사 인물 중 악기와 관련이 없는 사람은 누구일까?

❶ 박연
❷ 왕산악
❸ 정도전
❹ 우륵

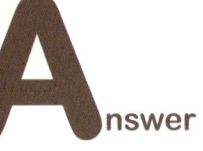

❸ 정도전

박연은 세종 시대에 악보를 편찬한 인물이고, 왕산악은 거문고를 만든 고구려 사람이지. 우륵은 가야금을 만든 신라 시대 사람이란다.

수원 화성 공심돈

공심돈은 조선 시대에 세워진 수원 화성에서 볼 수 있는 건축물이야. 포를 쏘기 위해 벽돌담 사이사이 작은 구멍이 뚫려 있는 속은 비어 있는 탑 같은 모양이지. 우리나라에서는 유일하게 수원 화성에서만 볼 수 있단다. 당시 임금이었던 정조가 화성에 새로운 도읍을 만들고 싶어 했고 그 명을 받아 정약용이 도시 전체를 둘러싸는 성을 만들었지.

공심돈은 사다리를 이용해서 오르내린단다.

공심돈의 '돈'은 적군이 다가오는지 감시하는 성곽을 뜻해. 그러니까 '공심돈'은 안이 비어 있는 성곽을 뜻하지.

눈물 쏘옥 역사 이야기

조선 후기 뛰어난 학자로 손꼽히는 정약용은 정조의 신임 아래 수원 화성을 설계하고, 배다리를 설계하고, 책을 쓰는 등 많은 업적을 남긴 인물이었어. 하지만 정조가 갑작스레 세상을 떠난 후 천주교를 믿었다는 이유로 유배를 당해, 전라남도 강진에서 18년간이나 귀양살이를 했단다. 귀양에서 풀려났을 때는 이미 머리가 하얀 노인이었어. 하지만 정약용은 유배지에서도 공부를 계속해서 〈목민심서〉 등 수많은 책을 남겼지.

따라서 그려 보자!

수원 화성은 수원천을 가운데 두고, 길이가 6킬로미터 정도 되는 성곽으로 둘러싸여 있어. 공심돈은 동쪽과 서쪽 두 곳에 있지.

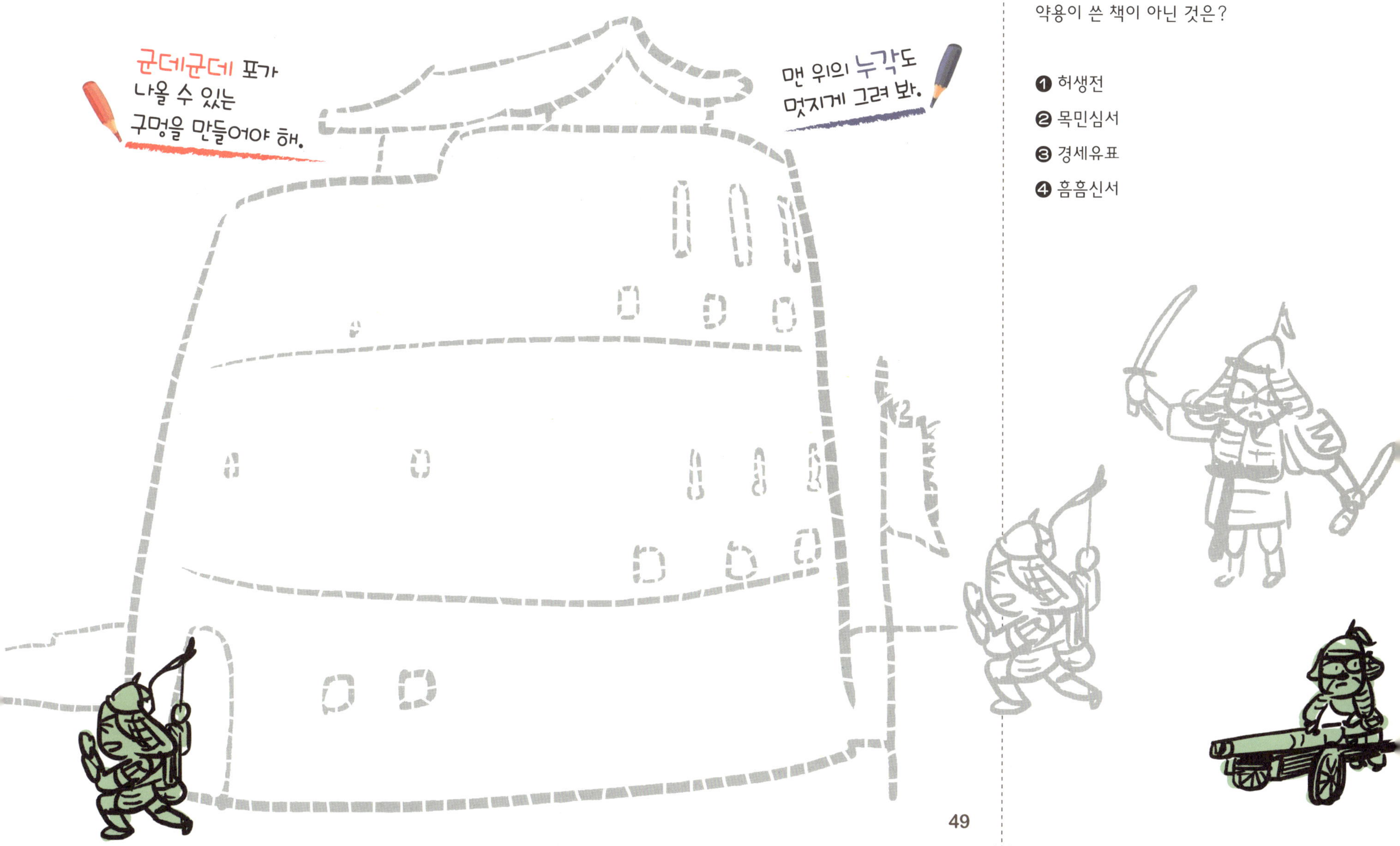

군데군데 포가 나올 수 있는 구멍을 만들어야 해.

맨 위의 누각도 멋지게 그려 봐.

Question

역사 퀴즈

정약용은 많은 책을 쓴 학자야. 다음 중 정약용이 쓴 책이 아닌 것은?

① 허생전
② 목민심서
③ 경세유표
④ 흠흠신서

nswer

1 허생전

〈허생전〉은 박지원이 쓴 한문 소설이란다.

힘이 되는 역사 이야기

삼국을 통일한 신라에는 모두 56명의 왕이 있었어. 첫 임금은 알에서 태어나 신라를 세운 박혁거세이고, 마지막 왕은 왕건에게 신라를 넘겨준 경순왕이야. 이 중에서 여왕은 선덕 여왕, 진덕 여왕, 진성 여왕으로 세 명이었지. 신라는 우리나라 역사에서는 드물게 거의 1,000여 년 동안 지속된 나라였단다.

천마도

천마도는 경주에 있는 신라 시대의 무덤인 천마총에서 발견된 말 그림이야. 이 무덤은 아직 누구의 무덤인지는 밝혀지지 않았어. 천마도의 천마는 흰색으로 꼬리를 세우고 힘차게 하늘을 달리고 있어. 다리 앞뒤에 고리 모양의 돌기가 나와 있고 혀를 내민 듯한 입의 모습이 진짜 하늘의 말처럼 신비해 보이지?

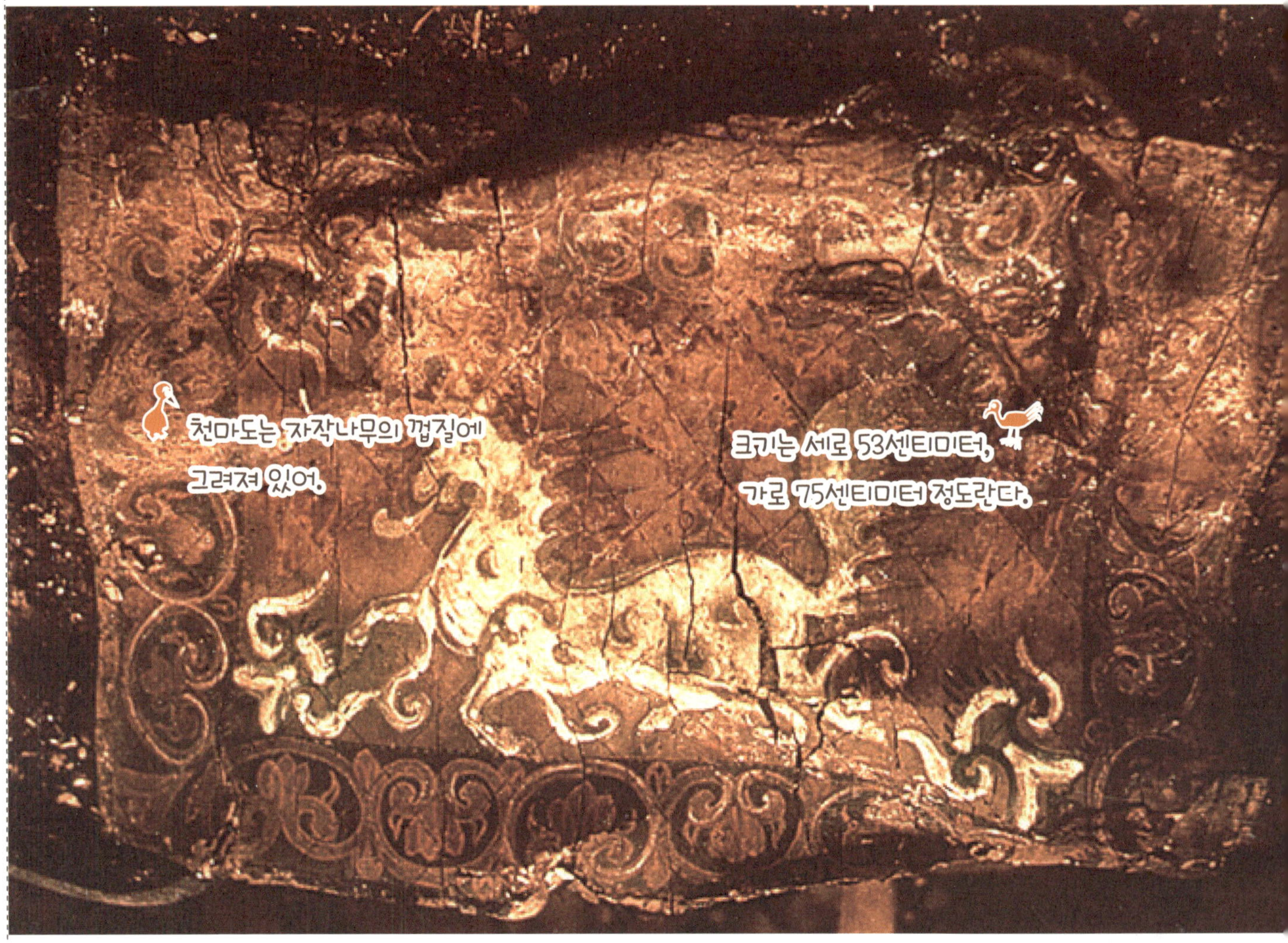

> 천마도는 자작나무의 껍질에 그려져 있어.

> 크기는 세로 53센티미터, 가로 75센티미터 정도란다.

따라서 그려 보자!

천마도가 그려진 곳은 말이 달릴 때 흙이 말을 탄 사람에게 튀는 것을 막아 주는 '장니'란다. 가장자리는 가죽으로 마무리되어 있지.

정말 달리는 것처럼 생생하게 그려 보렴.

Question

역사 퀴즈

다음 중 경복궁과 관련이 없는 사람은?

❶ 김유신
❷ 양녕대군
❸ 태종
❹ 흥선대원군

51

Answer

① 김유신
김유신은 신라 시대의 인물로 삼국통일을 이루는 데 큰 역할을 했단다.

힘이 되는 역사 이야기

조선은 유학의 바탕 위에 세워진 나라였어. 유학은 공자의 가르침을 근본으로 하는 학문이지. 유학에서 강조하는 것은 '수신제가 치국평천하'인데, 자신의 몸과 마음을 바르게 한 사람만이 가정을 다스릴 수 있고, 가정을 다스릴 수 있는 자만이 나라를 다스릴 수 있으며, 나라를 다스릴 수 있는 자만이 천하를 평화롭게 다스릴 수 있다는 뜻이란다.

송시열상

송시열은 조선 중기의 뛰어난 유학자야. 강한 눈매와 꼭 다문 입술에서 송시열이 얼마나 엄격한 유학자였는지를 살펴볼 수 있어. 가느다란 붓으로 수염과 얼굴의 주름, 옷 주름 하나하나를 섬세하게 그려 낸 화공의 실력이 무척이나 뛰어나 보이지?

그림은 비단 위에 그려졌지.

당시 선비들이 입던 학창의(흰 옷 가장자리에 검정 비단으로 선을 두른 웃옷)를 입고 있어.

따라서 그려 보자!

초상화라면 무엇보다 정확하게 그리는 것이 최고야. 그런데 조선 시대의 초상화는 보이는 모습뿐 아니라 그 사람의 성격까지 드러날 수 있도록 그려야 했지. 송시열상은 그런 면에서 매우 뛰어난 작품이란다.

눈썹의 모양과 눈을 잘 살펴봐야 해.

조선 시대 대학자의 기품을 담아 보렴.

Question

역사 퀴즈

다음 중 조선 시대의 학자가 아닌 사람은?

① 송시열
② 정약용
③ 정도전
④ 강감찬

nswer

④ 강감찬

강감찬은 고려 시대의 장수란다. 특히 우리나라 대외항전사상 중요한 전투의 하나로 꼽히는 구주대첩을 승리로 이끌었지.

힘이 되는 역사 이야기

〈자산어보〉는 정약용의 동생 정약전이 쓴 물속 생물에 관한 책이야. 정약전은 형과 마찬가지로 천주교 박해로 흑산도로 유배를 갔는데, 거기서 관찰한 생물에 대한 자료를 책으로 남겼지. 모두 세 권으로 된 이 책은 흑산도 주변에서 살고 있는 물속 생물 155종에 대한 이름이나 모양, 습성 등에 대한 자세한 기록이란다.

앙부일구

앙부일구는 해의 그림자에 따라 시각을 알 수 있는 솥 모양의 해시계야. 세종 때 장영실이 처음 만들었지. 앙부일구는 거리에 설치해 놓았기 때문에 사람들이 오가면서 시간을 알 수 있어서 매우 편리했어. 눈금 위에 각 시를 상징하는 12지신의 동물인형을 그려서 글을 모르는 사람도 시간을 확인할 수 있었어.

앙부일구는 오목한 시계판에 세로 7줄과 가로 13줄이 그어져 있는데 세로선은 시간을 나타내고 가로는 절기를 나타내지. 해가 동쪽에서 떠 서쪽으로 지면서 생기는 그림자가 시각 선에 비치면 시간을 알 수 있어. 또 절기마다 태양의 고도가 달라지기 때문에 그림자 길이가 다른 것을 보고 24절기를 알 수 있단다.

따라서 그려 보자!

앙부일구는 그림자가 맺히는 오목한 시계판과 그림자를 맺게 해 주는 바늘, 4개의 다리, 그리고 물을 채워 시반을 수평으로 잡을 수 있는 십자 모양 물받이로 이루어져 있단다.

침의 길이는 오목한 그릇의 반이야.

시간과 절기를 잘 넣어 보렴!

Question

역사 퀴즈

다음 문화재 중 쓰임새가 크게 다른 하나는?

① 앙부일구
② 측우기
③ 해시계
④ 자격루

"휴대용이유."

❷ 측우기

측우기는 장영실이 만든 것이긴 하지만 빗물의 양을 재는 기구였어. 나머지는 시간을 재기 위한 것이지.

시시콜콜 역사 이야기

신라의 대표적인 승려는 의상 대사와 원효 대사란다. 이 둘은 신라의 불교를 키우기 위해 당나라에서 공부하기로 약속했어. 그런데 당나라로 가던 중 원효는 동굴에서 해골에 담긴 물을 마신 후 마음을 돌리고 신라로 돌아가 버렸지. 의상은 홀로 유학을 떠나 당나라에서 화엄종을 배웠어. 그리고 신라로 돌아와 부석사를 창건해 신라에 화엄종을 보급하는 데 힘썼단다.

부석사 석등

부석사는 경상북도 영주시 부석면에 있는 통일 신라 시대의 절이야. 이 절의 무량수전 앞에는 화강암으로 된 유명한 석등이 있지. 석등은 주변을 밝히기 위해 안에 등을 넣을 수 있도록 만든 것인데, 부석사 석등은 우리나라에서 가장 아름다운 석등으로 손꼽힌단다.

석등의 높이는 2.97미터야.

비례가 아름답고 균형미가 있기 때문에 부석사 석등이 유명한 거란다.

따라서 그려 보자!

석등은 8각형 지붕이 있고 아래는 연꽃잎이 받치고 있으며 빛이 잘 나올 수 있도록 구멍이 크게 뚫려 있단다.

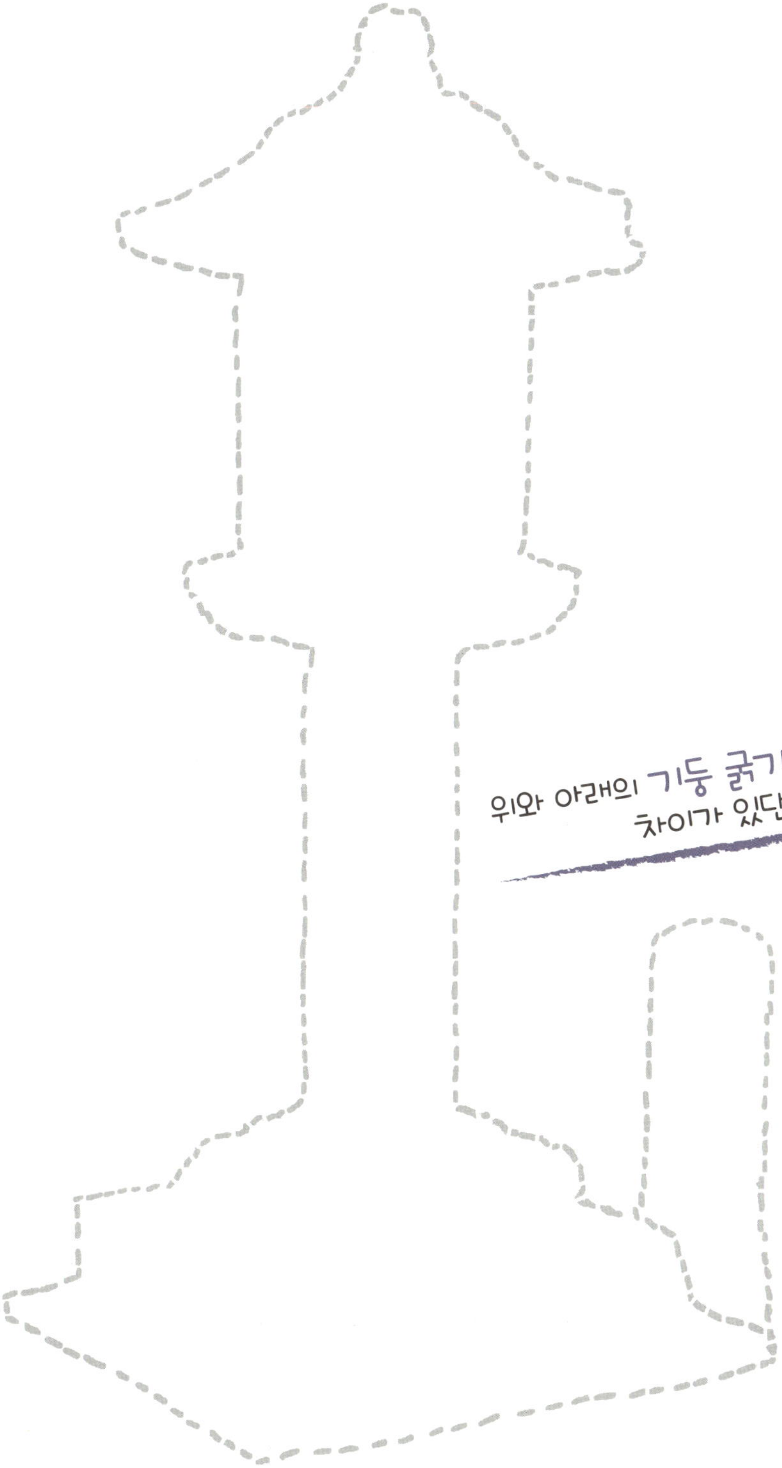

위와 아래의 **기둥 굵기**에 차이가 있단다.

아래쪽의 **연꽃 모양**을 잘 살펴보렴.

 Question

역사 퀴즈

다음 중 우리나라의 대표적인 절 이름이 아닌 것은?

❶ 부석사
❷ 관찰사
❸ 해인사
❹ 불국사

❷ 관찰사
관찰사는 조선 시대 각 도에 파견되어 지방을 다스렸던 최고 책임자를 말한단다.

오싹오싹 역사 이야기

의상 대사가 당나라에서 불교를 공부하고 있을 때 선묘라는 여인이 의상 대사를 사모하고 있었어. 하지만 의상은 눈길도 주지 않고 공부를 마치자 배를 타고 신라로 향했지. 뒤늦게 이 사실을 안 선묘는 몸을 던져 바다로 뛰어들었고, 용이 되어 의상 대사가 무사히 신라로 향할 수 있도록 배를 지켰다고 해. 또 의상 대사가 부석사를 지으려고 할 때 많은 귀신들이 방해를 했는데, 선묘가 변한 용이 나타나 바위를 들어 올려 귀신들을 물리쳤지. 그래서 이 절의 이름을 '부석(뜬 돌)사'라고 붙였단다.

부석사 무량수전

무량수전은 우리나라에 남아 있는 나무로 된 건물 중 봉정사 극락전(국보 제15호)과 함께 가장 오래된 것이야. 기둥의 중간이 굵은 배흘림기둥으로 유명하지. 무량수전은 부석사의 중심 건물로 극락정토를 상징하는 아미타여래불상을 모시고 있어. 신라 문무왕 때 처음 세워졌지만 지금 있는 건물은 고려 말에 다시 지어 광 해군 때 새로 단청을 입힌 것이란다.

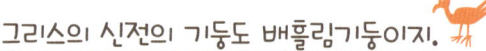

그리스의 신전의 기둥도 배흘림기둥이지.

배흘림기둥으로 만든 이유는 구조적으로 안정감이 있고 보기에도 아름답기 때문이야.

따라서 그려 보자!

배흘림기둥은 기둥의 중간 부분이나 아래에서 3분의 1 지점이 다른 부분보다 볼록하게 나와 있어. 주로 원통형 기둥에 사용되지.

Question

역사 퀴즈

우리나라에서 불교를 받아들인 순서대로 맞는 것은?

1. 고구려-백제-신라
2. 백제-고구려-신라
3. 신라-고구려-백제
4. 백제-신라-고구려

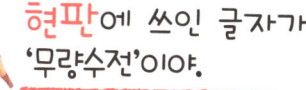

현판에 쓰인 글자가 '무량수전'이야.

59

nswer

1 고구려-백제-신라
불교는 고구려가 가장 먼저 받아들였고, 신라가 가장 마지막이었어.

힘이 되는 역사 이야기

조선은 1392년에 이성계(태조)가 세운 나라야. 일제에 의해 대한제국으로 나라 이름이 바뀌기까지 약 500년간 27명의 임금이 조선을 다스렸지. 가장 오랫동안 왕 자리에 있었던 임금은 21대 영조였어. 가장 많은 부인을 둔 임금은 9대 임금인 성종이었지. 모두 12명의 부인이 있었단다. 또 아들이 가장 많았던 임금은 4대 임금인 세종대왕으로 모두 18명이었어.

호패

호패는 조선 시대에 16세 이상의 남자가 차고 다닌 신분증이야. 왕실과 양반, 양민뿐 아니라 천민이나 노비도 가지고 있었지. 백성들이 신분증을 가지고 있어야 인구가 몇 명인지도 알 수 있었고, 세금을 거둘 수 있었거든. 호패 제도는 태종 때 처음으로 시행되었어. 호패를 빌리거나 위조하면 큰 벌을 받았지.

양반들은 상아나 사슴뿔 등의 재료로 만들었고 평민들은 나무로 만들었지.

호패와 비슷한 제도로 "오가작통법"이 있었어. 5가구를 1통으로 묶어 서로 도망가는 것을 감시하는 제도였어. 균역과 세금을 거둘 사람이 줄어들자 이런 제도를 만들었지.

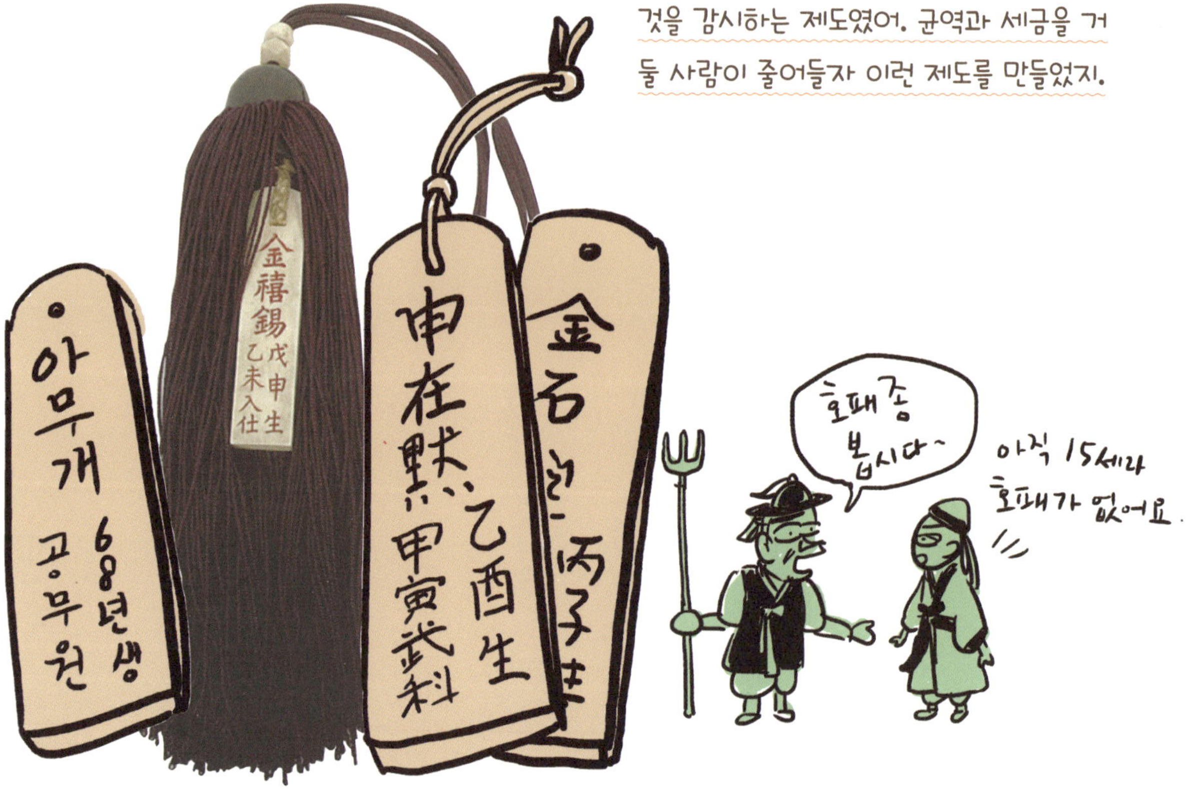

따라서 그려 보자!

보통 관직과 이름, 살고 있는 곳을 적었는데, 노비는 이외에도 얼굴빛, 키, 수염이 있는지 없는지와 주인의 이름도 적혀 있었단다.

시대에 따라 호패의 크기는 좀 달라.

모르는 한자는 사전을 찾아 보렴.

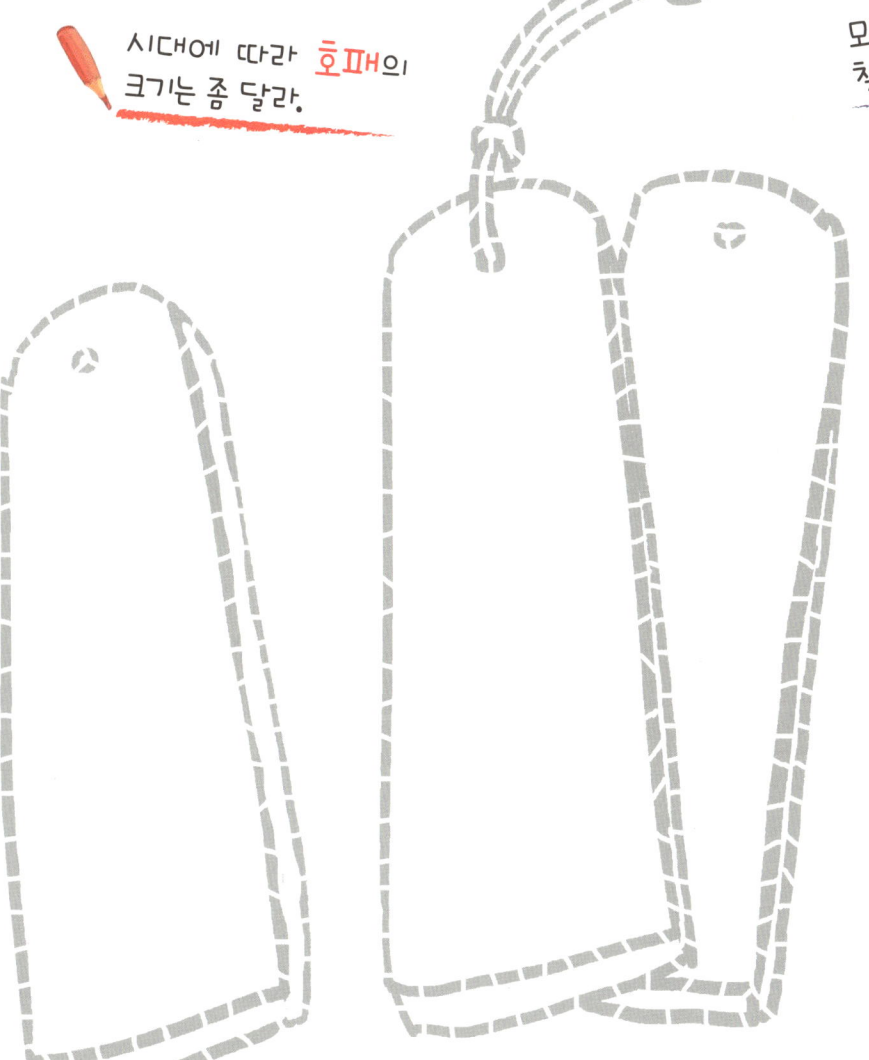

 uestion

역사 퀴즈

다음 중 조선 시대의 신분을 맞게 표현한 것은?

❶ 양반, 중인, 상민, 천민
❷ 귀족, 승려, 양반, 노비
❸ 귀족, 양반, 상민, 천민
❹ 양반, 궁녀, 상민, 노비

nswer

1 양반, 중인, 상민, 천민

중인은 의원이나 통역관, 법률 일을 하는 산관 등을 말해.

힘이 되는
역사 이야기

그림을 직업으로 하지 않는 사람들이 그린 그림으로는 민화 외에 문인화가 있어. 문인화는 선비나 사대부들이 시간이 날 때 취미로 그리던 그림이야. 주로 풍경이나 인물, 난초 등을 그렸지. 문인화는 그 선비의 높은 학식과, 꼿꼿한 성품이 잘 드러나는 게 특징이야. 조선 후기의 강세황이나 이인화 등은 뛰어난 작품을 많이 남겼단다.

까치 호랑이

민화는 대부분 정식으로 미술 교육을 받지 못한 사람들이 그린 것이라 귀족들의 그림보다는 세련되지도 않고 아름답지도 않아. 하지만 사람들의 생활 속 모습과 생각이 담겨 있기 때문에 의미가 있단다. 까치와 함께 호랑이가 그려진 이 그림은 당시에 많이 그려지던 것인데 까치는 행운을 상징하고, 호랑이는 악귀를 쫓는다는 의미를 가지고 있어.

 집 안을 장식하거나 나쁜 귀신을 쫓거나 복을 빌기 위해서도 민화를 그렸어.

 민화의 소재는 물고기, 꽃, 호랑이, 곤충뿐만 아니라 산과 강 등 생활 주변에서 흔히 볼 수 있는 자연이었단다.

따라서 그려 보자!

호랑이의 모습이 매우 단순하게 표현되어 있어. 무섭기는커녕 재미있는 모습이지?
이 그림은 새해를 맞아 복이 들어오기를 기원하는 마음으로 그린 거야.

호랑이의 표정을 잘 살펴봐.

무늬를 생생하게 표현해야지.

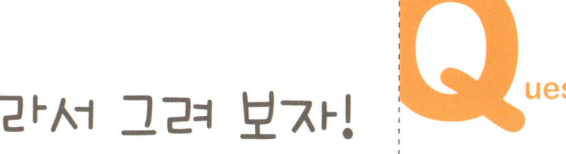

역사 퀴즈

다음 중 우리나라의 대표적인 화가와 그림이 아닌 것은?

❶ 김홍도의 서당
❷ 신윤복의 미인도
❸ 김춘추의 일출
❹ 정선의 금강산도

나도 저렇게 그려 줘.

nswer

❸ 김춘추의 일출
김춘추는 신라 29대 임금인 태종무열왕의 이름이야. 나당연합군을 만들어 백제를 멸망시켰단다.

눈물 쏘옥
역사 이야기

일본에 나라를 빼앗긴 고종은 다른 나라의 도움을 얻기 위해 네덜란드 헤이그에서 열리는 만국 평화회의에 비밀리에 특사를 보냈어. 거기서 을사조약이 일제에 의해 강제로 체결된 잘못된 조약이라는 것을 밝히고 주권 회복을 세계에 요청하기 위해서였지. 하지만 특사였던 이준과 이상설, 이위종은 일본과 영국의 방해로 회의장에도 들어갈 수 없었어. 이 일을 알게 된 일본은 오히려 고종의 왕위를 강제로 빼앗았단다.

독립문

독립문은 일제 강점기 때인 1897년에 세워진 문이야. 독립협회가 우리나라의 자주 독립의 의지를 다지기 위해 세운 것이지. 원래 그곳에는 중국에서 사신이 오면 맞이하는 영은문이 있었어. 독립협회는 이 문을 부수고 그 자리에 독립문을 세웠지. 전 국민 모금 행사를 통해 문을 만드는 데 필요한 비용을 모았고 모양은 프랑스의 개선문을 본떴단다.

독립문은 화강암으로 만들어졌지.

독립문은 가운데로 들어서면 왼쪽에 위로 올라가는 돌층계가 있지.

따라서 그려 보자!

독립문은 원래 지금의 자리는 아니었어.
도로를 내면서 북서쪽으로 70미터 떨어진 곳으로 옮겨 복원했지.
지금은 서대문 형무소와 함께 독립공원 구역에 포함되어 있단다.

문의 **위쪽**을 잘 살펴봐!

가장자리 돌의 구조가 특이하지?

Question

역사 퀴즈

일제 강점기 때와 관련이 없는 것은 무엇일까?

❶ 불국사
❷ 독립문
❸ 삼일 운동
❹ 서재필

nswer

① 불국사
불국사는 신라 때 만들어진 절이지.

정몽주 초상

정몽주는 고려 말의 학자야. 저물어 가는 고려를 버리고 새로운 나라를 세우려고 하는 이성계에 맞선 인물이었지. 이성계는 여러 번 정몽주의 마음을 돌리려고 했지만 실패했고 결국 정몽주는 이성계의 아들 이방원에게 선죽교에서 죽임을 당하고 말았단다. 정몽주가 남긴 시조 '단심가'에는 임금에 대한 충절이 잘 나타나 있어.

단심가의 내용은 이렇단다.
이 몸이 죽고 죽어 일백 번 고쳐 죽어
백골이 진토되어 넋이라도 있고 없고
님 향한 일편단심 가실 줄 있으랴

눈물 쏘옥
역사 이야기

1392년 이성계는 조선을 세우고 왕위에 올랐어. 고려의 마지막 왕이었던 공양왕은 유배되었다가 결국 죽임을 당했지. 이성계는 왕씨 성을 가진 수많은 고려의 왕족들에게 살 곳을 구해 주겠다며 한곳에 모이라고 한 뒤 배에 태웠어. 하지만 그 배는 바다 한가운데서 구멍이 났고 모두 바다에 빠져 죽고 말았지. 간신히 살아난 왕씨들은 도망쳐 산으로 들어가서 성을 바꾸고 살아야 했어. 이렇게 고려 왕족인 개성 왕씨는 거의 멸족하고 말았단다.

따라서 그려 보자!

정몽주 초상화는 국립경주박물관에서 볼 수 있어. 임금을 향한 충성심과 꼿꼿함이 그대로 드러나 있단다.

인물은 눈이 가장 중요해!

두 볼과 **이마**의 주름을 잘 살펴봐.

Question

역사 퀴즈

다음 중 우리나라 역사가 순서대로 정리된 것은 어느 것일까?

❶ 고조선-고려-삼국 시대-조선-대한제국-대한민국

❷ 고조선-삼국 시대-고려-대한제국-조선-대한민국

❸ 삼국 시대-고조선-고려-조선-대한제국-대한민국

❹ 고조선-삼국 시대-고려-조선-대한제국-대한민국

Answer

❹ 고조선-삼국 시대-고려-조선-대한제국-대한민국

우리나라에 가장 먼저 세워진 나라는 고조선이야.

눈물 쏘옥
역사 이야기

일본은 임진왜란을 일으킨 도요토미 히데요시가 세상을 떠나자 전쟁을 끝내고 돌아가려고 했어. 하지만 이순신은 도망치는 왜군을 격파하기 위해 노량에서 최후의 싸움을 벌였지. 이 싸움에서 이순신은 그만 왜군의 총탄을 맞고 말았어. 하지만 이순신은 고통에 힘들어하면서도 죽는 순간까지도 "나의 죽음을 알리지 마라."고 부탁했단다.

임진왜란 기록도

임진왜란은 조선 선조 때인 1592년 왜나라였던 일본이 침략한 전쟁이야. 임진년에 일어났다고 하여 임진왜란이라고 하지. 아무 준비 없던 조선은 20일 만에 한양이 점령당했지만 곳곳에서 일어난 의병들이 왜군을 막아 냈어. 그때 바다를 지킨 사람은 이순신 장군이었어. 이 기록화는 당시 이순신 장군의 모습을 담은 것이야.

이순신 장군이 썼던 대표적 전법은 학익진 전술이야. 학이 날개를 편 모양으로 적의 함대를 둘러싸 포위하는 전법이지.

이순신 장군이 가장 크게 승리한 싸움은 세계 3대 해전 가운데 하나로 꼽히는 한산도 대첩이야.

따라서 그려 보자!

이순신이 바다를 향해 호령하고 있는 모습이야. 이때 이순신의 지위는 삼도 수군 통제사였는데 충청도, 전라도, 경상도의 수군을 모두 지휘하는 자리였지.

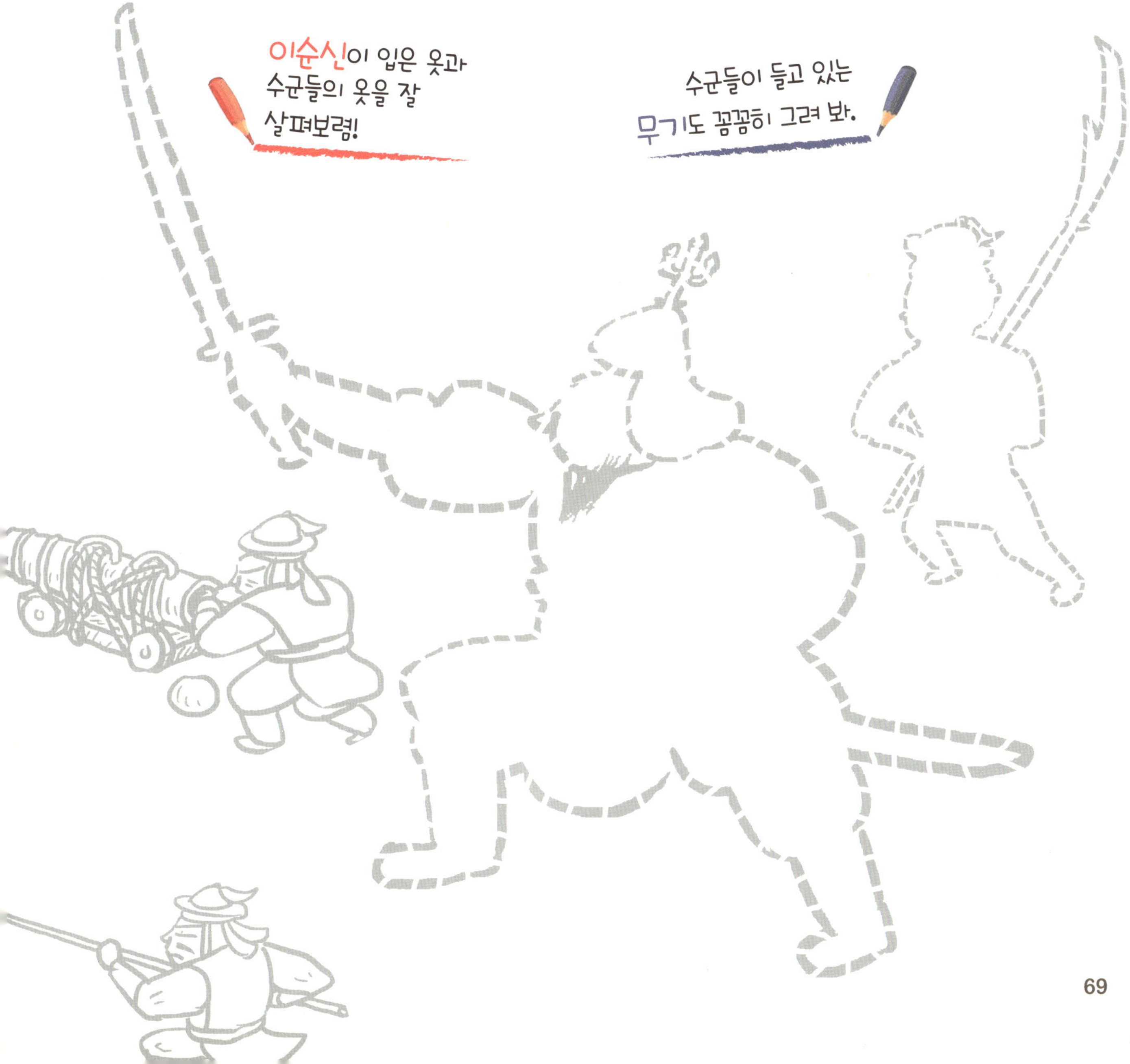

이순신이 입은 옷과 수군들의 옷을 잘 살펴보렴!

수군들이 들고 있는 **무기**도 꼼꼼히 그려 봐.

Question

역사 퀴즈

다음 중 이순신과 관련 있는 전투가 아닌 것은 어느 것일까?

❶ 한산도 대첩
❷ 솔로 대첩
❸ 명량 대첩
❹ 노량 대첩

nswer

❷ 솔로 대첩

한산도 대첩, 명량 대첩, 노량 대첩은 모두 이순신이 이끌었던 싸움이야.

힘이 되는 역사 이야기

우리나라의 8도 이름이 만들어진 것은 조선 태종 때야. 태종은 경기도만 빼고 그 지역에서 가장 큰 두 고을의 이름을 합쳐서 지었지. 강원도는 강릉과 원주의 머리글자를 합했고, 함경도는 함흥과 경성, 평안도는 평양과 안주, 황해도는 황주와 해주, 충청도는 충주와 청주, 전라도는 전주와 나주, 경상도는 경주와 상주를 합한 이름이지. 그리고 고을마다 지방관인 수령(사또)을 내려 보내 다스리게 했어.

혼천의

혼천의는 해와 달 그리고 별이 어떻게 움직이는지 관찰할 수 있는 천문 관측기야. 지금으로 치면 망원경과 같은 것이라고 할 수 있지. 처음으로 만든 혼천의는 세종 대왕의 명을 받아 장영실이 만든 것이야. 현종 때 만들어진 혼천의에는 시계 기능도 있었지. 물론 혼천의는 하늘이 둥글다는 당시의 생각 속에 만들어진 것이란다.

혼천의의 축은 북극을 향하고 있어.

동서남북 방향을 먼저 찾은 다음 수평으로 혼천의를 설치하면 현재의 별들의 위치를 알 수 있지.

따라서 그려 보자!

현재 남아 있는 혼천의는 현종 때 만들어진 거야. 두 개의 추가 움직이는데 하나는 톱니바퀴를 움직여 시간을 알리고, 다른 하나는 종을 치는 기능을 하지.

아래와 위쪽의 **톱니바퀴**도 잘 살펴봐.

네 개의 **다리**에는 용무늬가 그려졌어.

Question

역사 퀴즈

다음 중 우리나라 과학 문화유산이 아닌 것은 어느 것일까?

❶ 혼천의
❷ 자격루
❸ 앙부일구
❹ 벼루

nswer

4 벼루
벼루는 붓글씨를 쓸 때 먹을 가는 도구야.

용감무쌍
인물 이야기

장보고는 신라 사람이었는데 일찍이 당나라로 가 군인이 되었어. 당시 당나라에는 해적에게 잡혀 당나라로 팔려 온 신라인들이 많았지. 이를 보고 가슴 아파하던 장보고는 신라 흥덕왕에게 청해 군사 1만 명을 얻었어. 그러고는 전라남도 끝 청해진에 자리 잡고 해적을 없애 바다의 평화를 이루었어. 또 당나라와 일본으로 오가는 무역을 중계하면서 큰 이득을 남겼지. 장보고의 이런 노력은 신라의 힘을 키우는 데 큰 도움이 되었단다.

물레방아

물레방아는 물의 힘으로 바퀴를 돌려 곡식을 찧는 농기구야. 방앗간이 없었던 옛날에는 물레방아를 이용해서 곡식을 빻았지. 떨어지는 물이 물레방아의 바퀴를 한 번 돌릴 때마다 방아공이가 한 번씩 곡식을 찧게 되는 원리였어.

물이 많아서 방아가 빨리 돌면 하루에 5~6가마 정도는 찧을 수 있었대.

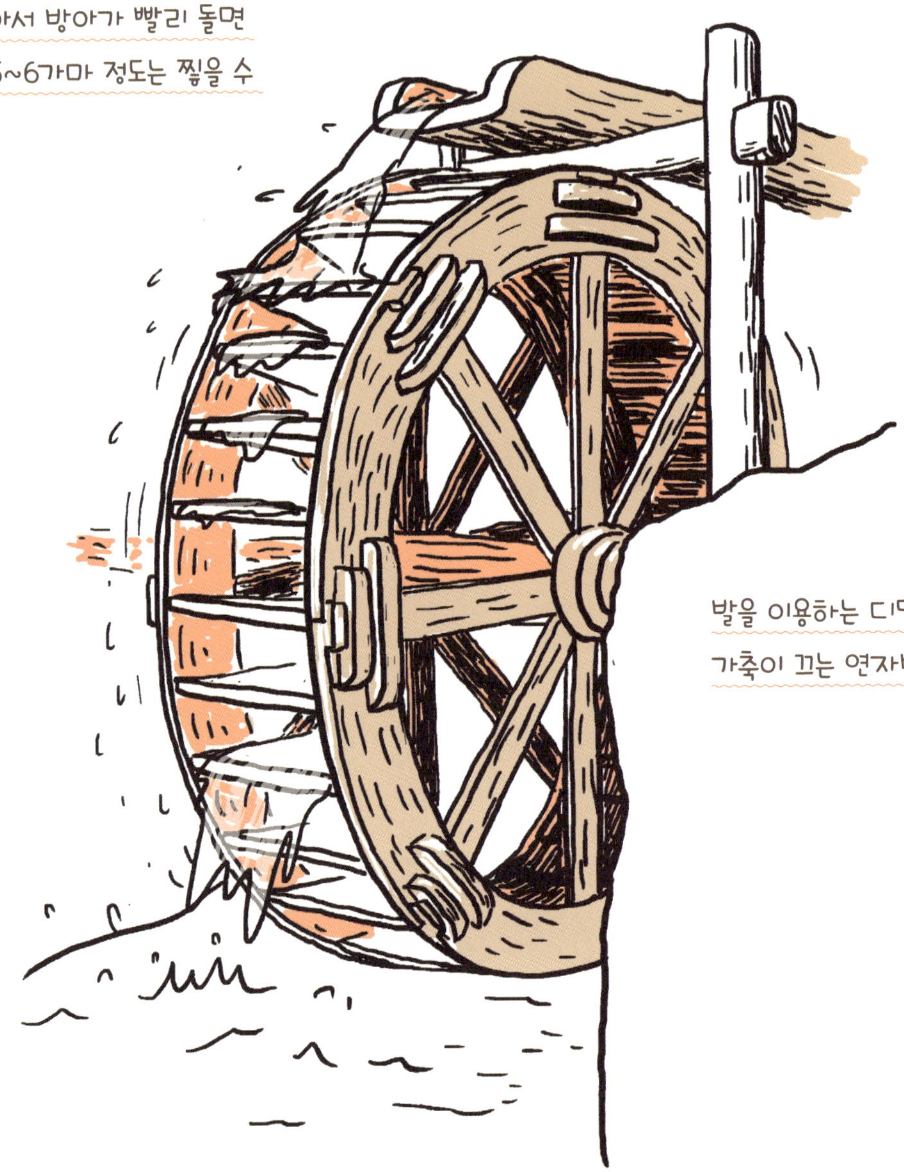

발을 이용하는 디딜방아, 가축이 끄는 연자방아도 있단다.

따라서 그려 보자!

물레방아는 집집마다 있었던 것이 아니라 마을에서 공동으로 사용했어. 크기는 시대가 지날수록 점점 커졌지.

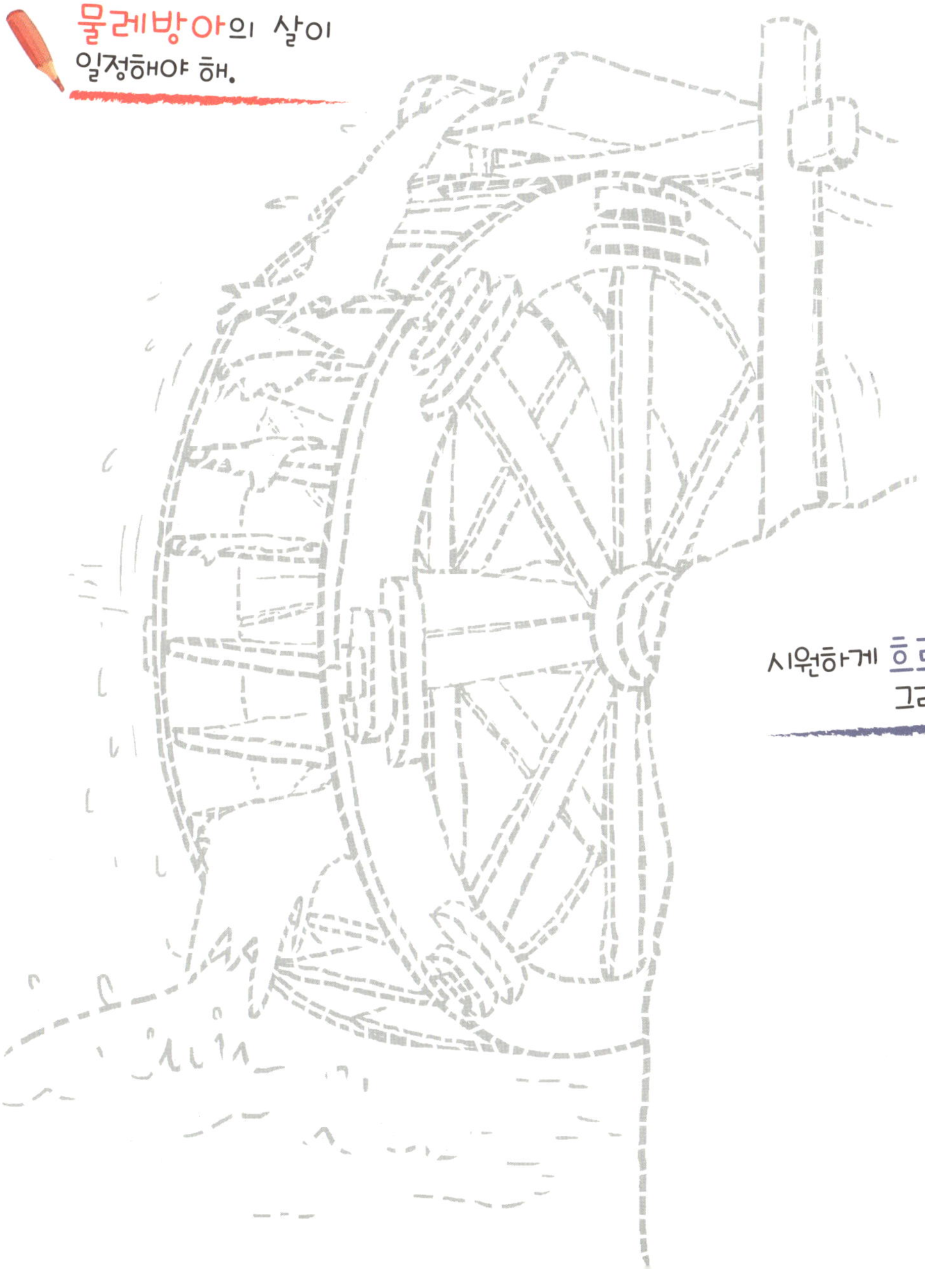

물레방아의 살이 일정해야 해.

시원하게 흐르는 물도 그려 넣으렴.

Question

역사 퀴즈

다음 중 농기구의 이름이 아닌 것은 어느 것일까?

① 써레
② 쇠스랑
③ 앙부일구
④ 물레방아

nswer

❸ 앙부일구
앙부일구는 해시계의 이름이란다.

힘이 되는
역사 이야기

우리나라에 최초의 전등이 설치된 것은 1887년 봄 경복궁 향원정이었어. 미국에서 온 에디슨 회사의 맥케이라는 전기 기사가 전등을 설치한 거야. 사람들은 어둠을 환하게 밝히는 전등을 보고 놀라움을 금치 못했단다. 이후 우리나라에는 한성 전기회사가 세워졌고 전차도 들여오게 되었지. 1900년에는 종로에 가로등도 설치되었어.

인력거

인력거는 한두 명의 사람을 태우고 사람이 끌었던 수레야. 초기에는 지붕을 덮은 정도였는데 나중에는 문으로 바뀌었지. 우리나라에 인력거가 들어온 것은 조선 후기인 고종 때였어. 인력거의 편리함을 알게 되자 전국으로 빠르게 퍼져나갔고 가마를 대신해 자주 이용되었지. 서민들의 교통수단이었던 인력거는 해방 무렵 자동차가 등장하면서 사라졌단다.

요금은 처음에는 10리마다 얼마씩 받는 것으로 책정했으나 시간이 지나면서 한 번 이용하는 데 얼마씩 받는 것으로 바뀌었어.

따라서 그려 보자!

인력거에는 커다란 바퀴 두 개가 달려 있어.
처음에는 타이어가 없는 철로 된 바퀴라 흔들림이 심했다고 해.
구성은 매우 간단하단다.

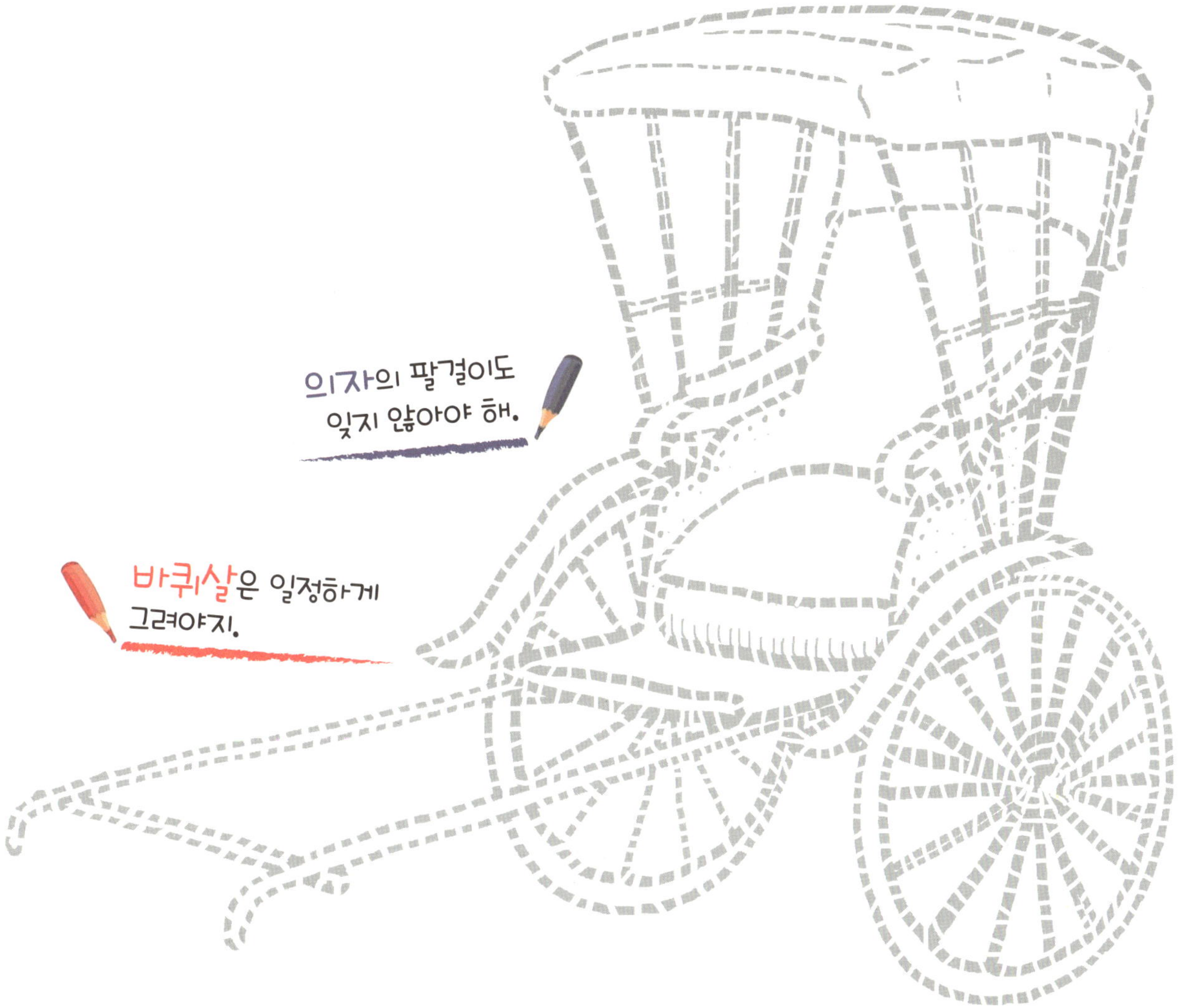

의자의 팔걸이도 잊지 않아야 해.

바퀴살은 일정하게 그려야지.

Question

역사 퀴즈

다음 중 교통수단이 아닌 것은 어느 것일까?

❶ 인력거
❷ 가마
❸ 전차
❹ 물레방아

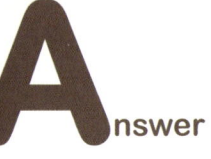

Answer

④ 물레방아

물레방아는 곡식을 찧던 농기구의 하나란다.

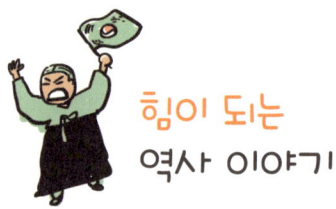

힘이 되는 역사 이야기

우리나라에 최초의 근대 병원은 홍영식의 집터에 세워진 광혜원이야. 광혜원은 제중원으로 이름을 바꾸었고 이후 다시 미국인 세브란스의 도움으로 남대문 밖에 큰 병원을 지어 옮긴 후 세브란스로 이름을 바꾸었지. 또 우리나라 최초의 의과 대학은 경성의학교였는데 이곳의 첫 번째 교장은 종두법을 시행했던 지석영 선생이란다.

전차

전기를 이용해 달리는 기차야. 우리나라에는 1989년에 처음 등장했어. 새로운 문물에 관심이 컸던 고종은 동대문에 발전소를 세우고 서대문에서 청량리까지 달리는 최초의 전차를 개통했지. 당시 사람들은 전차를 너무 신기하게 여겼는데 할 일을 버려 둔 채 온 종일 전차를 타거나 지방에서 전차를 타기 위해 서울로 오는 사람도 많았다고 해.

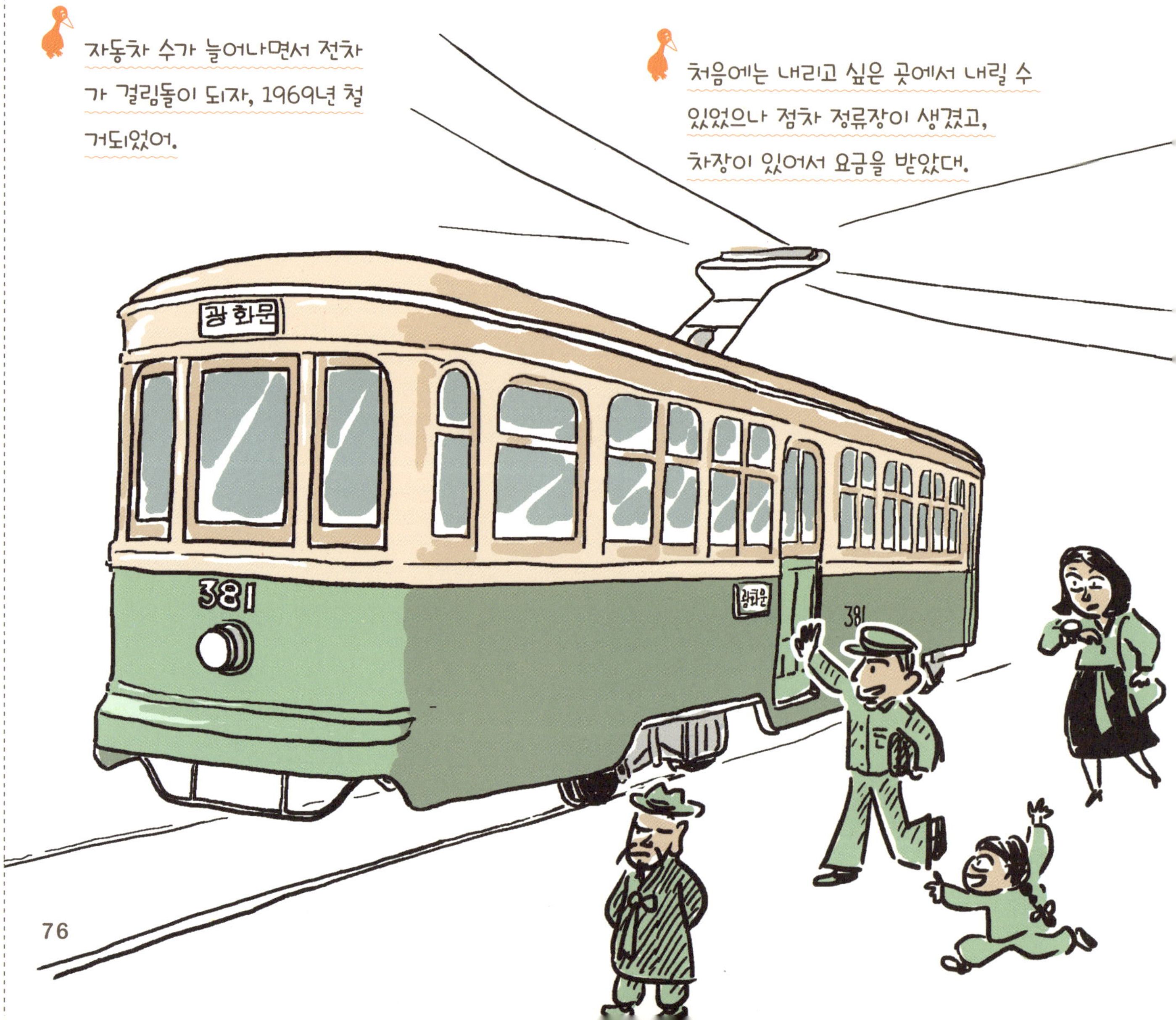
자동차 수가 늘어나면서 전차가 걸림돌이 되자, 1969년 철거되었어.
처음에는 내리고 싶은 곳에서 내릴 수 있었으나 점차 정류장이 생겼고, 차장이 있어서 요금을 받았대.
광화문
381

따라서 그려 보자!

당시 전차는 사고를 막기 위해 시속 20킬로미터 정도로 매우 천천히 달렸어. 전차 1칸은 40개의 좌석이 들어가는 크기였지.

전차 위의 전선과 레일도 잊지 말고 그려야 해.

타고 내리는 문은 앞뒤로 두 개야.

Question

역사 퀴즈

다음 중 우리나라 교통수단이 발전해 온 순서대로 정리된 것은?

❶ 가마–인력거–전차–자동차
❷ 가마–전차–인력거–자동차
❸ 자동차–가마–전차–인력거
❹ 인력거–전차–자동차–가마

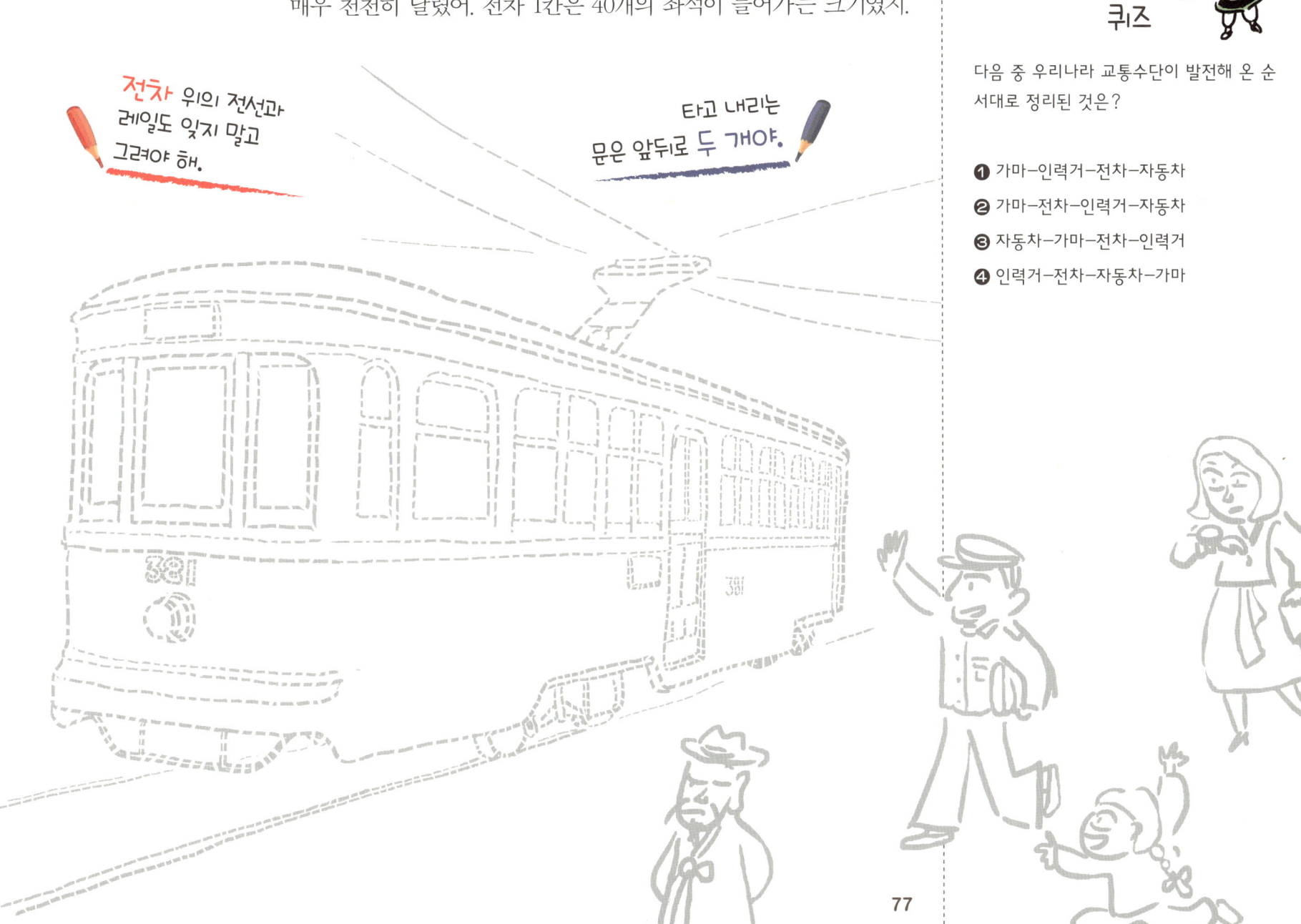

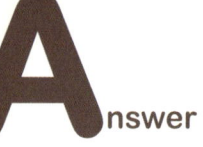
nswer

1 가마-인력거-전차-자동차

가마는 조선 시대부터 널리 이용했으니까 맨 앞에 놓여야겠지?

시시콜콜
역사 이야기

조선 후기 사람들 사이에 화폐가 널리 사용되자 은행 역할을 하는 곳이 생겼어. 바로 '객주'야. 객주는 지금의 여관과 비슷하게 장사꾼들이 물건을 팔러 다니면서 잠을 자는 곳이었는데 시간이 지나면서 물건을 사고팔 사람을 연결해 주고 대가를 받거나 물건을 보관해 주는 창고 역할도 했지. 또 장사꾼에게 돈을 빌려 주고 약간의 이자를 받기도 했지.

상평통보

상평통보는 조선 시대에 사용하던 화폐야. 화폐가 없었다면 어떻게 물건을 샀을까? 오래전에는 물건과 물건을 맞바꾸는 물물교환을 했지. 그러다가 상업이 발달하면서 화폐가 필요해지자 인조 때 화폐를 만들었으나 잘 쓰이지 않았지. 조선 후기 숙종 때가 되어서야 두루 사용하게 되었단다.

상평통보는 구리와 주석으로 만들었어.

상평통보 하나는 1푼이라고 했는데, 10푼이 1전, 10전이 1냥, 10냥이 1관이었지. 지금으로 보면 1푼은 약 200원 정도 되는 셈이야.

78

따라서 그려 보자!

상평통보의 모양은 둥근 엽전 모양으로 가운데에는 정사각형의 구멍이 뚫려 있는데, 앞면에는 구멍을 둘러싸고 상평통보라는 글자가 써 있고 뒷면에는 돈을 만들어 낸 관청의 이름이 적혀 있지.

각 한자의 위치를 잘 살펴봐.

원 모양에 네모난 구멍이 뚫려 있어!

Question

역사 퀴즈

다음 중 조선 시대 화폐 이름이 아닌 것은?

❶ 호패
❷ 조선통보
❸ 당백전
❹ 상평통보

nswer

1 호패
호패는 조선 시대 남자들이 갖고 다니던 신분증이야.

신기전과 화차

신기전은 조선 세종 때 만들어졌는데, 고려 말 최무선이 만든 것을 개량하여 다시 만든 것이지. 신기전은 불을 붙이면 자동으로 한꺼번에 100개의 화살이 발사되는 무기였어. 명중률은 좀 떨어졌지만 요란한 소리를 내며 폭발했기 때문에 적에게 큰 두려움을 주었단다. 화차는 신기전을 싣고 이동하는 수레였어.

한 번 쏘면 500~600미터 정도 날아갈 수 있었다고 해.

신기전은 북쪽의 여진족을 물리치는 데 많이 사용했어.

용감무쌍 인물 이야기

고려 말 사람인 최무선은 우리나라 역사에서 처음으로 화약을 만들었고, 이를 이용해 무기를 만든 인물이야. 화약 만드는 기술을 배우기 위해 중국인들이 많은 무역항 벽란도까지 가기도 했지. 최무선은 나라를 지키려면 무기가 중요하다는 것을 알고 무기를 만들 수 있는 관청이 필요하다고 주장했어. 그리고 이곳에서 화약, 화포 등 각종 무기를 만드는 데 성공해, 왜구가 쳐들어왔을 때 크게 격파하기도 했단다.

따라서 그려 보자!

신기전이 실려 있는 화차의 발사 각도를 잘 맞춘 뒤 불을 붙이면 맨 위에서 아래까지 15개씩 차례로 100발이 발사되는 방식이야.

화차 위에 놓인 **신기전**의 모습이야.

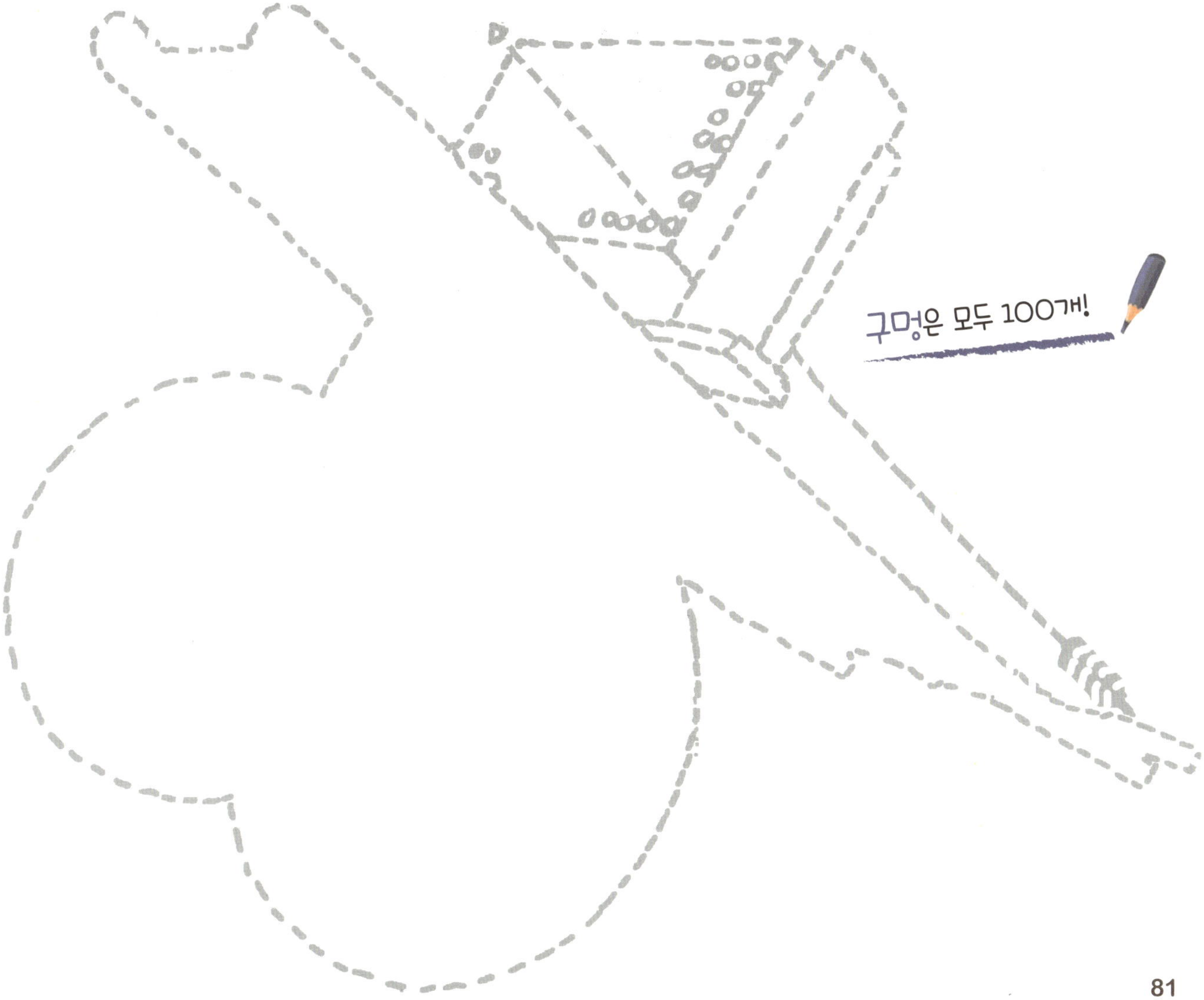

구멍은 모두 100개!

Question

역사 퀴즈

다음 중 우리나라 역사에 기록된 무기 이름이 아닌 것은?

❶ 신기전
❷ 천자총통
❸ 조총
❹ 무용총

Answer

④ 무용총
무용총은 중국 지린성에 위치한 고구려 시대의 무덤이야.

봉수대

봉수대는 적의 침입이나 위급한 일이 생겼을 때 신호를 보내는 통신 기구야. 밤에는 횃불을 이용했고, 낮에는 연기로 신호를 보냈지. 봉수대에 불을 피워 연기를 날리면 그다음 봉수대에서 이것을 보고 다시 불을 피우지. 이렇게 하면 아침에 평안도에서 일어난 일이 해 질 무렵에는 한양에까지 전해졌단다.

봉수대의 신호는 봉수의 개수로 정했어. 1개는 별일 없음, 두 개는 적이 나타났을 때, 위험하면 3개, 적이 넘어오면 4개, 싸움이 시작되면 5개 모두에 연기를 피웠지.

봉수대는 조선 임진왜란 당시 제 구실을 못했고, 왜군이 봉수대를 없애 버리면서 점차 사라졌어.

배꼽 잡는 역사 이야기

봉수 제도가 사라지면서 보다 빨리 소식을 전하기 위해 나타난 것은 파발 제도였어. 주로 나라의 급한 일이나 어명을 전달할 때 사용되었는데, 발 빠른 사람들이 말을 타거나 뛰어서 전달했지. 이들을 파발꾼이라고 불렀는데 얼마나 발이 빠른지 서울에서 부산까지를 23일 만에 도착할 정도였대. 전달하는 봉투에는 동그라미가 그려져 있었는데 한 개면 급한 것이고, 두 개면 더 급하고, 세 개가 그려져 있으면 엄청나게 시급하고 중요한 문서라는 뜻이었단다.

따라서 그려 보자!

우리나라 어느 곳에서든지 봉화가 오르고 12시간 정도가 지나면 한양까지 도착해야 했어. 하지만 봉수를 맡은 사람들이 게으름을 피우면 큰일이었지. 이들은 나중에 무거운 처벌을 받았다고 해.

봉수대는 모두 5개씩 세워져 있어.

연기가 잘 나오도록 **구멍**이 아주 크단다.

Question

역사 퀴즈

다음 중 우리나라에서 통신과 관련된 물건이 아닌 것은?

❶ 파발마
❷ 봉화
❸ 옥새
❹ 편지

❸ 옥새

옥새는 국왕의 도장을 말해.

암행어사로 가장 유명한 인물은 어사 박문수야. 박문수는 옳지 못한 일을 보면 설사 임금이라도 참지 못했고, 힘든 백성을 보면 자신의 짚신도 내어주는 성격이었어. 어느 해인가 흉년이 크게 들어 주변 마을 사람들이 모두 굶주리자, 자신의 집 곡식뿐 아니라 관아의 창고를 열고 마을 사람들에게 곡식을 나누어 주었어. 이것을 본 마을의 사대부들이나 부자들이 어쩔 수 없이 곡식 창고를 열게 되었고 마을 사람들은 굶주림을 덜 수 있었단다.

마패

마패는 나랏일을 하던 사람이 지방으로 내려갈 때 말을 빌릴 수 있는 징표였어. 조선 시대 전국 곳곳에 '역'이라는 곳이 있고 이곳에는 말이 보관되어 있었어. 관리는 마패를 보이고 말을 빌렸지. 당시에는 멀리까지 가려면 말이 꼭 필요했거든. 마패의 한쪽에는 빌릴 수 있는 말의 수가, 다른 한쪽 면에는 마패가 만들어진 날짜가 새겨져 있었단다.

 가장 많이 빌릴 수 있는 말의 수는 5필이었어.

마패는 처음에는 나무로 만들었으나 훼손이 심해 이후에는 구리로 만들어졌어.

84

따라서 그려 보자!

마패는 왕명을 받고 비밀리에 지방을 순행하면서 폭정을 감시하는 암행어사의 증표로 쓰이기도 했어. 마패를 손에 들고 "암행어사 출두요!"하고 외치면서 나타나곤 했지.

이 마패의 말의 수는 모두 **5필**이야.

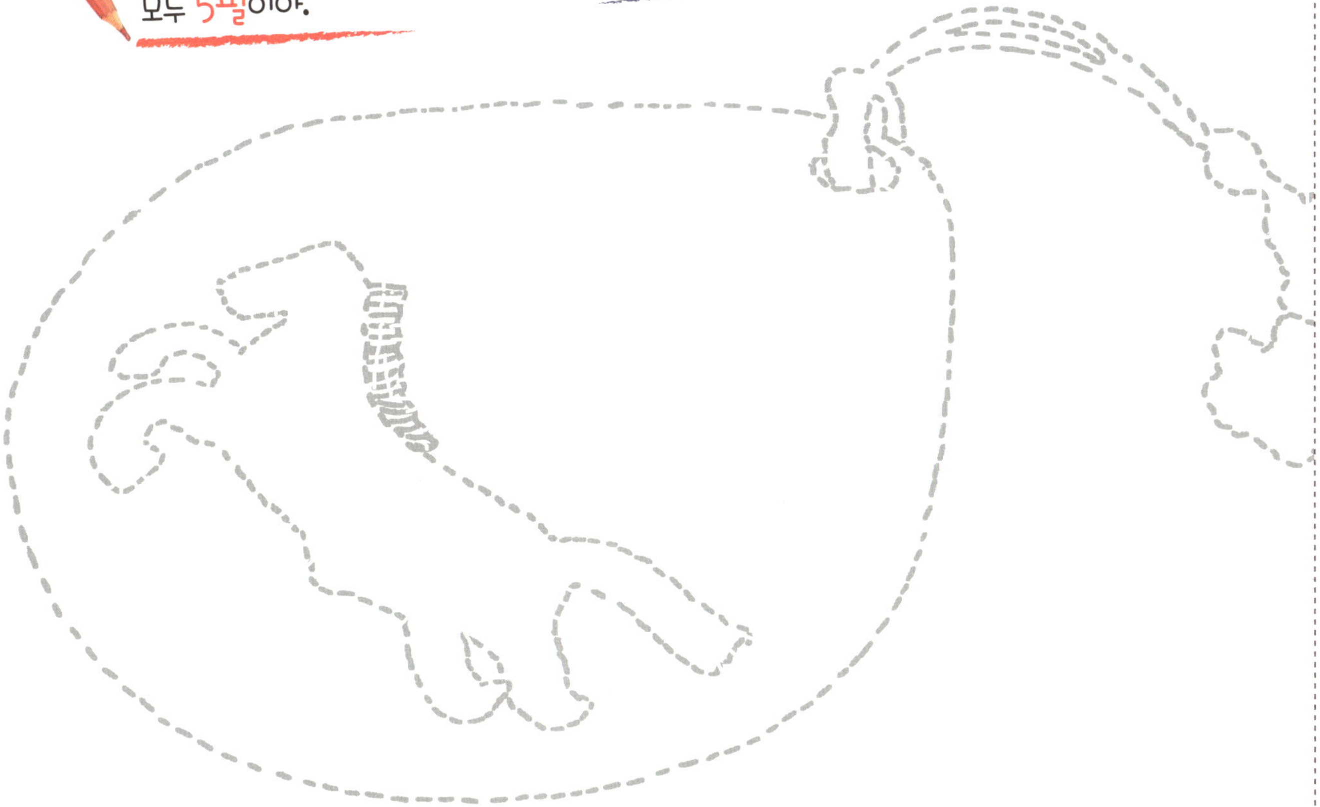

원 모양이 아니라 끈을 묶는 곳은 삐죽 솟아 있지.

Question

역사 퀴즈

다음 중 신분을 나타내는 물건이 아닌 것은?

❶ 마패
❷ 호패
❸ 옥새
❹ 화폐

4 화폐

화폐는 '돈'의 다른 이름이야.

힘이 되는 역사 이야기

신라가 세워지기 전 그 땅에는 여섯 마을이 모여 살고 있었어. 어느 날 여섯 마을의 우두머리는 자신들을 다스릴 임금이 필요하다고 생각했지. 그래서 강가에 모여 기도를 하고 있었는데 멀리서 번개가 치면서 흰말이 내려오는 것이 보였지. 그쪽으로 가보니 커다란 자줏빛 알이 놓여 있었지. 알을 깨뜨리자 사내아이가 나왔고 아기를 목욕시키자 온몸에서 빛이 뿜어져 나왔지. 여섯 우두머리들은 이 사내아이를 혁거세라 이름 짓고 왕으로 모셨단다. 이때부터 신라가 시작되었단다.

기마인물형 토기

기마인물형 토기는 신라 시대의 무덤인 금령총에서 발굴된 것이야. 말을 탄 사람의 모습을 조각한 작품처럼 보이지만, 사실은 말 등에 구멍이 있어 무언가를 담아서 따를 수 있는 형태란다. 이 토기는 신라의 왕실에서 물이나 술을 담아 따르는 데 쓰던 물건이지. 말 탄 사람의 옷이나 말을 살펴보면 당시의 신라 사람들이 어떻게 살았는지를 알 수 있단다.

기마인물형 토기는 높이 23.3센티미터 정도야.

흙으로 만들어 구운 것이란다.

따라서 그려 보자!

말 위에는 한 사람의 무사가 갑옷을 잘 갖춰 입은 채, 안장에 앉아 말고삐를 쥐고 있는 모습이야.

인물의 **갑옷**과 말 안장 등 꼼꼼히 살펴볼 게 아주 많아.

말 머리 아래에 길게 솟아나온 것이 주전자의 주둥이 역할을 하는 곳이지.

Question

역사 퀴즈

다음 중 신라와 관계가 없는 것은 어느 것일까?

❶ 광개토 대왕
❷ 최초의 여왕
❸ 화랑 제도
❹ 삼국 통일

나 같으면 입으로 나오게 만들었을 텐데~

 nswer

① 광개토 대왕
광개토 대왕은 고구려의 임금이란다.

오싹오싹 역사 이야기

영조 임금의 아들은 사도 세자였어. 사도 세자는 비운의 왕자라고 불리는데 그 이유는 임금이 되지도 못했을 뿐 아니라 아버지의 손에 목숨을 잃었기 때문이야. 당시 조정은 두 파로 나뉘어 서로 헐뜯기가 심했는데 그중 한 무리가 세자가 잘못한 일을 모조리 영조에게 일러바치면서 부자의 사이는 점점 멀어졌어. 급기야 영조는 아들을 뒤주에 가두었고, 물 한 모금 마시지 못하던 세자는 8일 만에 뒤주에서 목숨을 잃고 말았단다.

영조정순후가례도감의궤 반차도

이 그림은 조선 영조 임금이 정순 왕후와 혼인하는 장면을 그린 그림의 일부분이야. 가장 오랫동안 임금 자리에 있었던 영조는 66세의 나이에 15세인 정순 왕후를 왕비로 맞았어. '의궤'란 조선 시대 때 왕실이나 국가 행사가 끝난 후에 그 과정을 자세히 기록한 책을 말하지. 이 그림은 의궤의 마지막 부분에 실려 있는 것으로, 별궁에서 왕비 수업을 받고 있던 정순 왕후를 궁궐로 모셔 오는 의식을 그린 것이란다.

이 그림에는 총 1,118명의 인물이 그려져 있어.

결혼하면 좋은가?

그림의 길이는 1,650센티미터이고 실제 행렬의 길이도 약 1.5킬로미터나 되었다고 해.

따라서 그려 보자!

왕의 결혼식 행렬은 맨 앞에 왕을 나타내는 용이 그려진 깃발이 있고, 그다음에는 임금의 어가와 사관 그리고 악대가, 그 뒤로 왕비의 가마와 궁녀, 후반부에는 경호를 맡은 사람들 순으로 진행되지.

말을 탄 사람, 걸어가는 사람, 가마를 멘 사람들도 있어.

말을 탄 경호원들이 모두 붉은 옷을 입고 있어!

Question

역사 퀴즈

다음 중 영조 임금과 관계가 없는 것은 어느 것일까?

❶ 가장 장수한 임금
❷ 가장 왕비를 많이 둔 임금
❸ 가장 나이 차이가 많은 왕비를 둔 임금
❹ 가장 오래 왕위에 있었던 임금

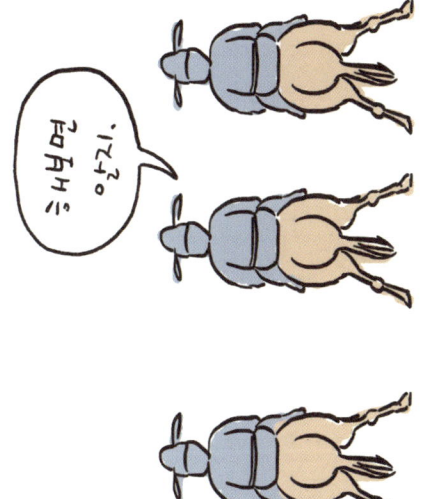

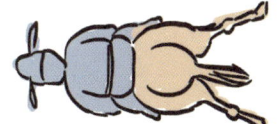

❷ 왕비를 가장 많이 둔 임금
왕비를 가장 많이 둔 임금은 성종이었어.

오봉일월도

오봉일월도는 조선 시대 궁궐에서 임금이 앉는 자리인 어좌 뒤와 임금의 초상인 어진 뒤에 놓아두는 그림이야. 이 그림은 임금이 하늘의 뜻을 받아 세상 모든 만물을 다스린다는 의미가 담겨 있어. 등장하는 사물은 다섯 개의 명산과 해, 달, 소나무, 물 모두 아홉 가지로 오래오래 계속되는 생명력을 나타낸단다. 이중 해와 달은 임금과 왕비를 나타내.

그림은 모든 사물이 좌우 대칭으로 그려져 있어.

오봉일월도는 왕권의 상징과 태평성대를 바라는 마음에서 만들어졌어.

배꼽 잡는 역사 이야기

고려가 망하고 세워진 조선은 유교의 나라였어. 불교 때문에 고려가 잘못된 길로 빠졌다고 믿었던 새 왕조는 불교를 버려야 한다고 생각했지. 그래서 절도 짓지 못하게 했고, 승려들은 도성을 드나들 수 없게 했단다. 절은 깊은 산속으로 들어가야 했고, 승려들은 천민처럼 천대받는 신세가 되었지. 하지만 오랫동안 지켜온 관습은 하루아침에 사라지지 않았어. 조선 후기가 되면서 다시 불교의 영향이 커졌지.

따라서 그려 보자!

각 나라마다 왕을 상징하는 그림이 있는데 우리나라의 오봉일월도는 특히 화려한 색을 사용하고 있지. 지금도 창덕궁 인정전이나 창경궁 명정전, 그리고 경복궁 근정전과 덕수궁 중화전에서 이 그림을 볼 수 있단다.

Question

역사 퀴즈

다음 중 임금을 상징하지 않는 것은 무엇일까?

❶ 옥새
❷ 일월도
❸ 곤룡포
❹ 교태전

*좌우 대칭*의 모습이야.

굽이치는 *물결*과 *폭포*, 소나무도 잘 살펴봐야 해.

Answer

④ 교태전
교태전은 궁궐 안에서 왕비가 머무르는 곳을 말해.

눈물 찔끔 역사 이야기

일본과 청나라, 러시아가 서로 우리나라에서 세력을 키워 나가려고 하던 1895년 8월 20일, 우리 역사에 매우 끔찍한 사건이 일어났어. 일본의 경찰과 몇몇 무리들이 경복궁에 쳐들어와 명성 황후를 시해하고 시신을 불태워 버린 거야. 고종의 왕비였던 명성 황후는 러시아의 힘을 빌려 일본 세력을 조선으로부터 몰아내려고 계획 중이었는데 이 사실을 안 일본이 이런 만행을 저지른 거란다. 이 사건이 바로 을미사변이야.

조선통신사 행렬도

조선통신사는 조선 시대 때 우리나라가 일본으로 보낸 외교 사절단을 말해. 임진왜란을 치르고 나서 조선은 일본과 국교를 끊었는데 일본의 요청으로 다시 통신사를 보내게 되었어. 조선통신사는 한양에서 일본의 에도 지역까지 약 6개월에서 1년이나 걸리는 긴 여정을 가야 했지. 한 번에 400명이 넘는 사람들이 이동하는 것이어서 비용도 무척 많이 들었고 위험도 많았지.

통신사를 보낸 까닭은 옆 나라와 사이좋게 지내며 전쟁을 막을 수 있고, 일본의 지형과 풍속 등의 정보도 얻고, 우리의 유교 정신을 일본에까지 알려, 왜구의 침입 등을 막을 수 있다고 생각했기 때문이야.

조선 시대에는 모두 12번의 통신사를 일본으로 보냈지.

"조선을 떠나온 지 몇 개월이더라."

"김치 먹고 싶어."

따라서 그려 보자!

통신사에는 관리들뿐 아니라 그림을 그리는 화원, 사람을 고치는 의원, 통역을 하는 역관 등 다양한 사람들이 참여했기 때문에 조선과 일본이 서로의 문화를 나누는 좋은 기회이기도 했어.

가마에 탄 사람은 **통신사**이고, 일본 무사들이 호위하고 있는 모습이야.

일본 무사들의 복장을 잘 살펴봐야 해.

Question

역사 퀴즈

다음 중 일본과 관계가 없는 것은 무엇일까?

❶ 상평통보
❷ 통신사
❸ 임진왜란
❹ 을사조약

nswer

1 상평통보
상평통보는 조선 시대에 쓰이던 화폐야.

전모를 쓴 여인

신윤복은 조선 후기의 풍속 화가인데, 김홍도와 함께 조선을 대표하는 화가야. 신윤복은 특히 양반의 생활 모습이라든가, 남녀간의 연애하는 모습, 여성의 아름다운 모습을 자주 그렸지. 이 그림의 여인은 기녀인데, 초승달같이 가는 눈썹과 붉은 입술, 흰 살결 등 신윤복의 그림에 주로 등장하는 여인의 모습을 하고 있어.

그림은 비단에 그렸고 크기는 세로 28센티미터, 가로 19센티미터였단다.

전모는 여자들이 외출할 때 쓰는 큰 모자야. 여자의 얼굴이 보이는 것을 부끄럽게 생각했던 우리 민족의 가부장적 전통이란다.

시시콜콜 역사 이야기

우리나라 여인들이 가장 오랫동안 해 온 머리 모양은 '땋은 머리'야. 지금도 어린아이들은 땋은 머리를 할 때가 있지. 조선 시대에는 유교의 영향으로 머리를 자를 수 없었기 때문에 머리를 관리하기 위해서는 땋은 머리가 적절했어. 결혼을 하고 나면 땋은 머리를 올려 비녀를 꽂는 '쪽진 머리'로 바뀌었어. '가체 머리'는 조선 초기에 유행하던 머리 모양인데, 본 머리 위에 사람의 머리카락으로 만든 가체를 올리고 장신구로 화려하고 풍성하게 꾸민 것이었지. 가체 가격은 당시 소 한 마리 값 정도로 비쌌단다.

따라서 그려 보자!

가늘고 또렷한 선으로 표현하는 것이 신윤복 그림의 특징이야. 배경이 없어서 더욱 긴장감이 느껴진단다.

전모가 얼굴을 반 정도 가리고 있어.

여인의 풍성한 치마가 특징이지.

Question

역사 퀴즈

다음 중 조선 시대 여인의 의복과 관계되지 않은 것은 무엇일까?

❶ 전모
❷ 버선
❸ 족두리
❹ 곤룡포

모델료는 그림이라고요?

nswer

❹ 곤룡포
곤룡포는 임금의 옷이야.

눈물 쏘옥
역사 이야기

부여 백마강 근처에는 낙화암이라는 슬픈 전설이 담긴 낭떠러지의 바위가 있어. 신라와 당나라가 연합해 백제를 총공격해 오던 때, 백제의 궁녀들은 적군들에게 굴욕을 당하기보다는 당당하게 죽음을 선택해야겠다고 생각하고 낙화암으로 달려가서 치마를 뒤집어쓰고 백마강에 뛰어들었대. 하얀 옷을 입은 궁녀들이 삼천 명이나 강으로 뛰어드는 모습은 마치 흰 꽃잎들처럼 보였지. 그래서 이곳을 '낙화암'이라고 부르게 되었단다.

산수문전

산수문전은 백제의 옛 절터에서 발견된, 다양한 문양과 형상을 가진 벽돌이야. 벽돌을 '전'이라고 불렀지. 각각의 벽돌에는 산과 구름, 용, 연꽃, 봉황 등 다양한 모양이 새겨져 있어. 또 벽돌의 네 모서리에는 홈이 파여 있어서 서로 연결하여 끼울 수 있게 되어 있단다.

크기는 한 변의 길이는 29센티미터 정도이고 두께 4센티미터란다.

보물 제343호로 지정되었어.

벽돌이 예쁘구나. 백제에 내려가 볼까?

96

따라서 그려 보자!

벽돌은 단순하게 그려져 있지만 꼼꼼히 살펴보면 한 폭의 산수화를 보는 것 같아. 또 전체적으로는 좌우 균형을 이루고 있는 모습이지.

마음에 드는 벽돌을 골라 크게 그려 보렴.

좌우 대칭인 무늬가 많단다.

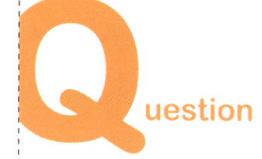

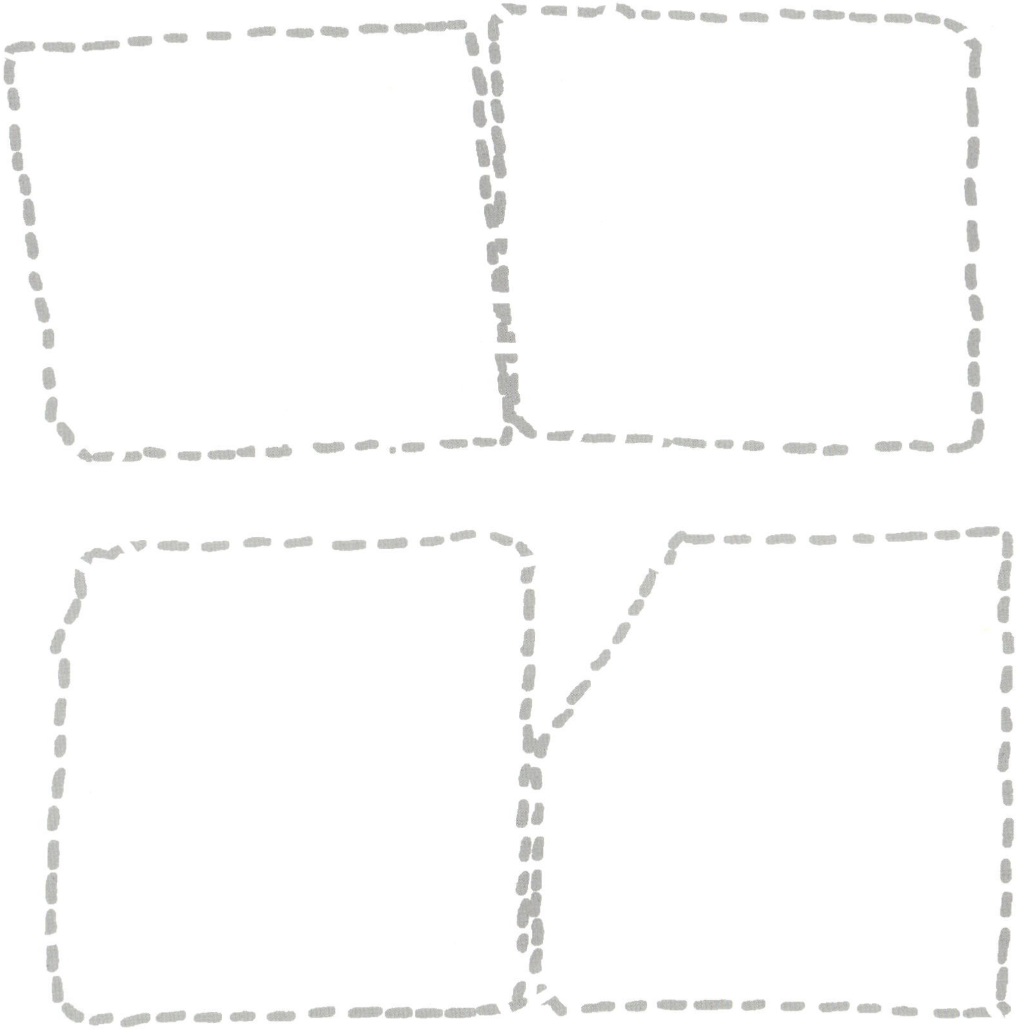

Question

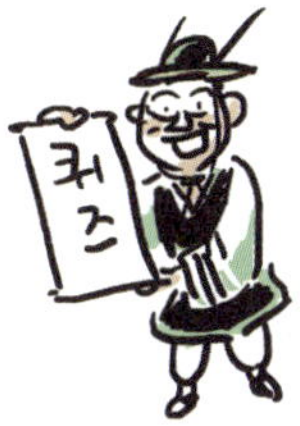

역사 퀴즈

다음 중 백제와 관련 없는 것은 무엇일까?

❶ 낙화암
❷ 견훤
❸ 온조왕
❹ 삼국 통일

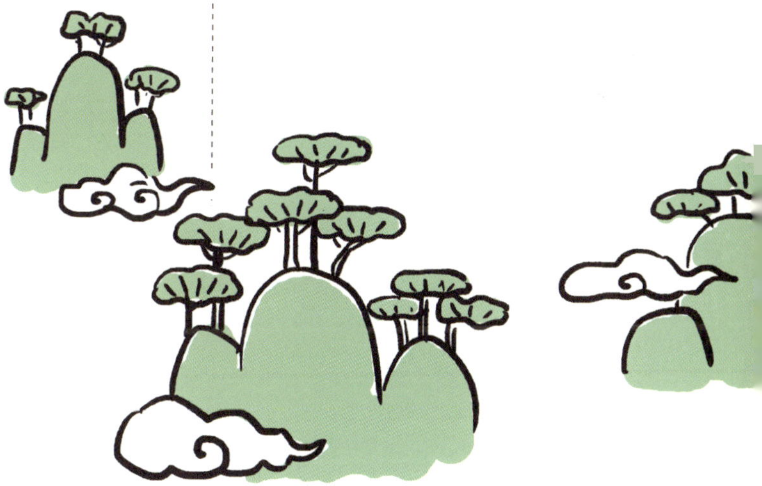

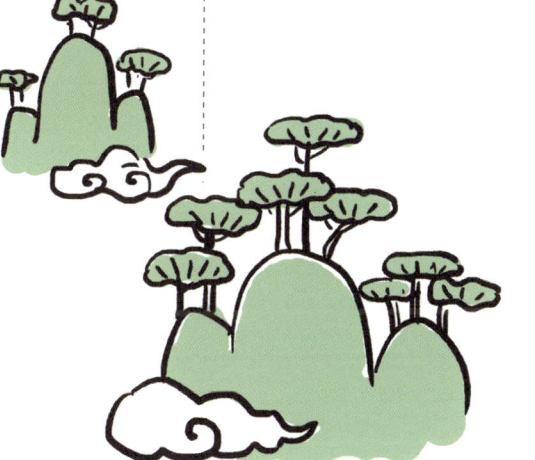

❹ 삼국 통일
삼국 통일은 신라가 이룩한 것이란다.

빗살무늬 토기

빗살무늬 토기는 우리나라 신석기 시대를 대표하는 유물이야. 그릇에 빗금을 친 빗살무늬가 새겨져 있어 빗살무늬 토기라 부르지. 신석기 시대의 사람들은 흙을 불에 구우면 단단해진다는 사실을 발견하게 되었고, 이후 흙으로 그릇을 구워 사용하기 시작했어.

힘이 되는 역사 이야기

신석기 시대의 대표적인 유물로 빗살무늬 토기 외에 '패총'을 손꼽을 수 있어. 패총은 조개껍데기가 무더기로 모여 있는 곳을 말해. '조개무지'라고도 하지. 신석기 시대에 바닷가에 살던 사람들이 생선과 조개를 잡아서 먹고는 껍데기를 모아 버린 곳이야. 이곳에서는 조개껍데기뿐 아니라 토기나 다른 물건들이 발견되고 있어서 신석기 시대 사람들이 어떻게 살았는지 살펴볼 수 있는 좋은 자료가 된단다.

빗살무늬 토기는 겉면에 무늬가 있어서 '유문 토기'라고도 해. 반대로 무늬가 없는 토기는 '민무늬 토기'라고 하지.

우리나라에서는 135개 정도 발견되었는데 주로 물이 있는 곳인, 바닷가나 강가에서 많이 발견되었지.

따라서 그려 보자!

그릇인데 바닥이 뾰족한 모양이야. 아마도 부드러운 흙 속에 박아놓고 사용했을 거야.

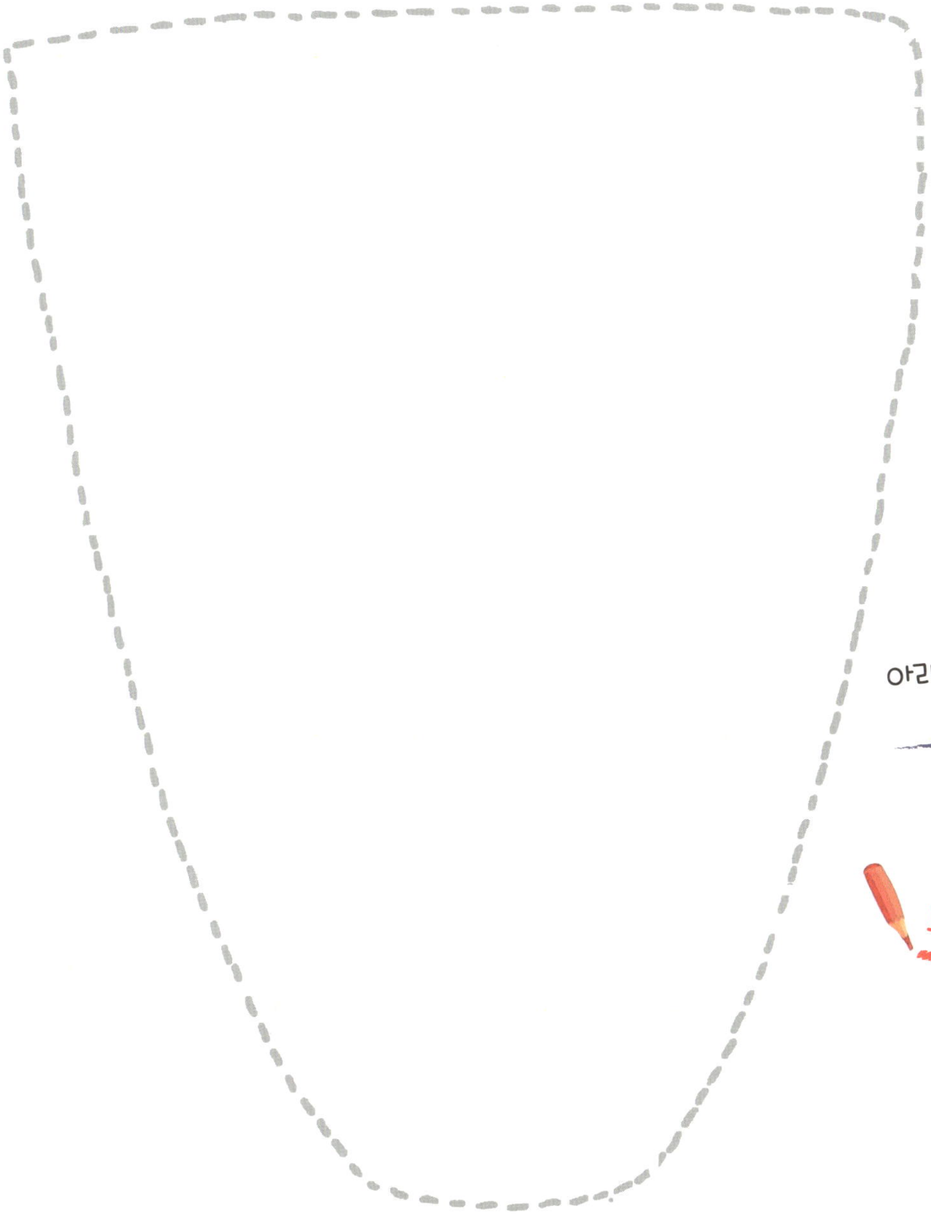

Question

역사 퀴즈

다음 중 그릇과 상관없는 하나는 어느 것일까?

❶ 민무늬 토기
❷ 빗살무늬 토기
❸ 기마인물형 토기
❹ 유문 토기

아래쪽이 뾰족하다는 걸 잊지 마.

무늬를 잘 살펴보렴.

nswer

❸ 기마인물형 토기

기마인물형 토기는 신라 시대에 흙으로 만들어진 말 탄 사람 모양의 조각 작품이야.

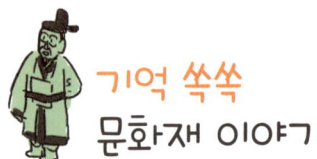
기억 쏙쏙
문화재 이야기

우리나라의 문화재 중에는 안타깝게도 약탈당한 것들이 있어. 특히 일본에 약탈당한 게 가장 많은데 이것은 일제 강점기 때문이야. 우리나라는 1965년 일본과 국교를 맺는 한일협정을 맺으면서 빼앗아 간 문화재 4,000여 점을 돌려 달라고 요구했어. 하지만 일본은 1,432점만 돌려주었지. 이처럼 한번 나라 밖으로 나간 문화재를 되가져 오는 것이 쉬운 일은 아니야. 그렇다 해도 빼앗긴 문화재에 대해 우리는 돌려 달라는 요구를 계속해야 한단다.

석수

석수는 돌로 만든 동물 조각을 말해. 말이나 소, 돼지 등의 모습이기도 하고 상상 속의 동물 모습도 있어. 주로 무덤 안이나 앞에 세워 두는데, 나쁜 기운이 무덤 안으로 들어오지 못하도록 하기 위해서야. 발견된 것 중에서 가장 오래된 것은 무령왕릉에서 발견된 석수인데 아주 힘이 세고 단단해 보인단다.

석수는 백제시대의 것으로 약 6세기 정도의 작품이야.

무령왕릉에서 발견된 석수는 높이가 30센티미터 정도야.

따라서 그려 보자!

무령왕릉의 석수는 원래 색깔이 칠해져 있었는데 지금은 다 벗겨져서 흔적만 살펴볼 수 있단다.

입은 벌리고 머리 위에는 **철제 뿔**이 붙어 있어.

뭉툭하고 짧은 다리가 4개.

Question

역사 퀴즈

다음 중 백제와 관련이 없는 것은 어느 것일까?

❶ 천마도
❷ 무령왕릉
❸ 낙화암
❹ 풍납토성

답은 10쪽